1521–1971

Luther in Worms

Ein Quellenbuch

Herausgegeben von

Joachim Rogge

MCMLXXI

LUTHER-VERLAG · WITTEN

Lizenzauflage der Evangelischen Verlagsanstalt Berlin

Der Theologischen Fakultät zu Saõ Leopoldo, Brasilien,
in Verbundenheit gewidmet

ISBN 3 7858 0162 9

Inhaltsverzeichnis

Vorwort

Der Reichstag 1521 in Worms spielt in der Reformationsgeschichte eine bedeutsame Rolle. Dem ist in der evangelischen Literatur und Predigt auf mannigfache – auch auf mannigfach unsachgemäße – Weise Rechnung getragen worden. Der Reformator ist als der Held von Worms gefeiert, sein Ruhm auch monumental festgehalten worden.[1] Einer nüchterner und das heißt vornehmlich sachlicher gewordenen Kirche sollte es in keiner Beziehung mehr um Manifestationen des wie auch immer gearteten Triumphes gehen.
So ist auch ein Worms-Gedenken 450 Jahre nach dem Geschehen keine in sich unproblematische Sache. Es darf uns nur darum zu tun sein, erneut – und hoffentlich klarer als bisher – aufzuzeigen, wie die Sache des Evangeliums auf diesem in vieler Hinsicht dramatischen Reichstag getrieben worden ist.
Es gibt u. E., um oben Genanntes zu erreichen, kein besseres Mittel, als daß authentische Texte vorgelegt werden, die zur Sache Luthers auf dem Reichstag zu Worms 1521 in relativ großer Zahl vorhanden sind.
Hier kann nur eine kleine Auswahl geboten werden, die allerdings mit dem Anspruch verbunden ist, charakteristische Zeugnisse der Vorgeschichte, Geschichte und Nachgeschichte der Verhandlungen mit und um Luther auf der höchsten Ständeversammlung des Reiches 1521 einzufangen. Unsere Ausgabe soll der Information dienen, nicht primär neue Forschungsbeiträge bieten, wenn auch im Kommentar und Anmerkungsteil eigene Beobachtungen eingeflossen sein mögen.

Die Textauswahl wird bilingual vorgelegt, um in jedem Falle die Kontrolle am Original zu ermöglichen und zugleich dem des Lateinischen, Französischen und Italienischen Unkundigen einen Einblick in die Geschehnisse zu geben. Der sprachlich Gebildete sollte jedoch auf die Lektüre des zeitgenössischen Textes nicht verzichten! Eine Sprache läßt sich nie ganz befriedigend übersetzen. Auch zu Eingriffen in die zum Teil schöne Sprachgestalt des Frühhochdeutschen konnte sich der Herausgeber nicht entschließen. Wo Begriffe nur erst nach Aufbietung eines gewissen wissenschaftlichen Materials verständlich wären, werden sie im Anmerkungsapparat kurz erklärt.

Knappe Orientierung vor jedem Textabdruck soll dazu dienen, über die wichtigsten Vorgänge und Zusammenhänge auf dem Reichstag, sofern sie Luthers Sache betreffen, einen Überblick zu gewinnen, besonders da, wo aus Raumgründen Texte nicht abgedruckt werden konnten.

Die Quellenstücke werden im allgemeinen ungekürzt wiedergegeben. Wo unbedeutende lange Titel- oder Adressatenbezeichnungen und ähnliches ausgelassen worden sind, ist das in jedem Falle auf die übliche Weise gekennzeichnet.

---

[1] Siehe das Lutherdenkmal in Worms im Bildteil dieses Bandes

Einführung

Wenn einer der profiliertesten, schärfsten Gegner Luthers auf dem Reichstag, der päpstliche Nuntius Aleander, in einer wahrscheinlich auf den 8. 2. 1521 zu datierenden Depesche schreibt, ganz Deutschland sei in loderndem Aufruhr, neun Zehntel erhöben das Feldgeschrei ‚Luther' und für die übrigen gelte zumindest die Losung: ‚Tod der römischen Kurie', so hat dieser unverdächtige Zeuge die Situation vermutlich zutreffend charakterisiert.

Der Ruf nach einem Konzil erscholl immer lauter; der junge Kaiser, Karl V., erklärtermaßen Hort und Schutz der römischen Kirche, war mit Kriegen im Westen und Südosten sowie mit der gesamtpolitischen Lage nach der Kaiserwahl überaus beschäftigt; der Papst, Leo X., hatte mitten in diesem Wechselspiel nicht nur vielfältige kaum seinem hohen Amt förderliche Interessen, ihm mußte es auch abgesehen davon außerordentlich schwer werden, zur Stabilisierung der Kirche von innen und nach außen die richtigen Bundesgenossen zu finden.

Unter anderem begünstigt durch die mannigfaltigen Gebundenheiten der Kräfte, die eigentlich mit der Aufrechterhaltung bisheriger Maße für kirchliche Lehre und Ordnung hätten befaßt sein müssen, konnte sich die Reformation entfalten. Was dem Mönch und Professor in seiner Zelle und Studierstube in jahrelangen exegetischen Beobachtungen, in dem im Lehrbetrieb seiner Zeit durchaus unüblichen Geschäft, ganze biblische Bücher auszulegen, zugewachsen war, entzog sich zunächst ohnehin vordergründiger kirchlicher Kontrolle. Diejenigen, mit denen er im Gespräch war, haben

ihn schwerlich auf das Papstamt, auf die Kirche in ihrem Ordnungs-, d. h. Rechtsgefüge, hingewiesen. Ihre mehrgestaltige Scholastik alter und neuer Prägung, ihre seelsorgerlichen Hilfen im Rahmen der alterprobten Disziplin der Kirche konnten nicht helfen, erschienen dem bohrend Fragenden auch nicht die ‚rechten Knoten' zu sein. So ging er seinen Weg allein, schritt von Entdeckung zu Entdeckung, so daß wir es heute schwer haben, den biblischen Ort, den genauen Zeitpunkt und die sachliche Markierung der reformatorischen Wende genau zu fixieren. Aber durch ständige Bibelauslegung, durch Lesen und Lehren, ist sie geschehen.
Als der junge Gelehrte, den seit seiner Promotion 1512 sein theologisches Doktorat immer verpflichtender drückte, am 31. 10. 1517 zum ersten Mal an eine größere Öffentlichkeit trat, da konnte in dem Nebenkrater seiner theologischen Erkenntnisse, in der Ablaßlehre, noch nicht das Ganze seines Neuansatzes sichtbar werden. Nach Ansicht mancher Forscher war sich Luther selbst über Inhalt und Konsequenzen seines Weges zu diesem Zeitpunkt noch nicht bewußt. Immerhin, die Thesen – vielleicht auch ihre verkürzte Gestalt – liefen in Deutschland in einer kaum zuvor dagewesenen Schnelligkeit um und taten ihre Wirkung. Die römische Kirche reagierte zuerst kaum und, als es geschah, schwerfällig und nicht primär in einer deutlichen Sachauseinandersetzung. Das war nach den Erfahrungen vorhergehender Jahrhunderte schwerlich anders zu erwarten. Aber auch die zuständigen Obrigkeiten, der Bischof, der Orden, dem der dem Wort Gottes ‚gehorsame Rebell' angehörte, eröffneten nicht in dem Umfange das Gespräch, wie der ungestüm weiter Drängende es für sachlich geboten hielt.
Die Stationen des römischen Prozesses, der sehr allmählich und mit wenig Aussicht auf Klärung, eingeleitet wurde, haben den Fragesteller wenig beeindruckt. Man entfaltete Initiativen gegen ihn, um die Sache aus der Welt zu schaffen,

kaum, um helfend zu belehren geschweige denn sich belehren zu lassen. Ganze Fakultäten verdammten den Ketzer; nur wenige – wie etwa Latomus in Löwen – setzen sich sachlich mit ihm auseinander. Die Bannandrohungsbulle Exsurge Domine hat hier in ihrem Gehalt so etwas wie Einzigkeitswert, indem sie unter dem 15. 6. 1520 41 Thesen aus dem Schrifttum des Unruhestifters verwarf. Erst das große, in vielem antireformatorische Konzil nach weiteren 25 Jahren (in Trient von 1545–1563) hat dann wieder von der Kirchenlehre her zu Luther lehrmäßig Stellung bezogen. Die Nuntien Aleander und Eck sollten die Bulle, zu deren Forderungen der Widerruf innerhalb von zwei Monaten gehörte, in deutschen Landen publizieren.

Luther hat den Bruch mit seiner Kirche weder betrieben noch auch nur gewollt. Es ist die Frage nach dem Kirchenbegriff, die thematisch wird, wenn man mißverständlicherweise von der durch ihn gewordenen ‚neuen Kirche' spricht. Luther wollte re-formieren, er wollte zurück zur alten, rechten Kirche. Dieser Wille ist in vielen Äußerungen, auch der Spätzeit des Reformators, manifest. Noch im Oktober 1520, in einer Zeit, in der die Publikation der Bulle von den Nuntien an den Zentren des geistigen Lebens nur mit Mühe und zuweilen gar nicht vorankam, fand sich Luther bereit zu erklären, daß er nicht den Papst habe angreifen wollen. Es ginge ihm nicht um Leo, dem er viele gute Intentionen zutraute, ihm war es zu tun um die *Sache,* um die ‚Freiheit eines Christenmenschen', die er als in seiner Kirche gefährlich bedroht erkannte. Die gleichnamige Schrift, verbunden mit einem Sendbrief an den Papst, sollte trotz alles Vorangegangenen noch einmal versuchen, über Kirche und Theologie von der Wurzel bzw. vom Fundament der Wahrheit her in eine Erörterung einzutreten. Ohne sie schien es Luther undenkbar, einfach zu revozieren. Leo sollte, so forderte der mit dem Bann Bedrohte, seine Bulle zurücknehmen. Statt dessen ging

die Agitation der Nuntien gegen Luther weiter, so daß mancherorts seine Bücher verbrannt wurden.
Einer der Nuntien, Aleander, trat anläßlich der Reise zur Kaiserkrönung auch mit dem Landesherrn Luthers, Friedrich dem Weisen, in Verbindung. Dieser wies nicht nur das Auslieferungsansinnen des päpstlichen Gesandten zurück, sondern verhielt sich auch sonst überaus distanziert, eine Grundhaltung, die er während des ganzen Reichstages zeigt, obwohl er sich durch kein überliefertes Zeugnis direkt zur Sache Luthers bekannte, sondern den reichsrechtlichen Proporz immer wieder abwägend betonte bzw. diesbezügliche Rücksichten gelten ließ.
Inzwischen waren fast alle Universitätslehrer Wittenbergs dem reformatorischen Denken Luthers gefolgt. In dieser hohen Schule galten, wie es hieß, Paulus und Augustin wieder etwas, im immer erklärteren Gegensatz zu der auf Aristoteles und anderen Philosophen basierenden Scholastik in ihren verschiedenen Spielarten.
Am 10. 12. 1520 wagte Luther im Beisein von Universitätskollegen und Studenten vor dem Elstertor unweit der Universität einen Schritt, der ungleich konsequenzenreicher werden mußte als sein ganzes Thesenwerk vor wenig mehr als drei Jahren: Er verbrannte etliche Exemplare von Büchern mit Rechts-Canones. Damit griff er entscheidende Grundlagen seiner Kirche an. Deutlicher ließ sich der Bruch mit der Papstkirche nicht markieren. Daß der Reformator, von vielen wahrscheinlich gar nicht bemerkt, anschließend auch ein Exemplar der Bannandrohungsbulle mit den nichtdiskutierten Verwerfungssätzen der Kurie dem Feuer übergab, konnte den nicht wundernehmen, der Luthers Schriften in diesen Wochen las und ihre Pfeilspitze verstand.
So war nicht eine Annäherung erreicht worden und auch kaum zu erwarten. Das nächste konnte unter solchen Umständen nur die Bannbulle sein, die dann auch unter dem 3. 1.

1521 mit den Anfangsworten Decet Romanum Pontificem erging.

Damit war für die ganze Kirche und für die weltliche Macht verbindlich gesprochen. Es war nicht nur neu, sondern nach bisherigem Recht und Verfahren unerhört, daß jetzt die Reichsacht nicht ohne weiteres ausgesprochen wurde. Zwar hatte der Kaiser den Ständen zugesichert, keinen Deutschen mehr ungehört zu verurteilen, aber das war niemals in Spannung zum geltenden Kirchenrecht verstanden worden. So ist abgesehen von allem, was inhaltlich die Verhandlungen mit Luther in Worms ergaben, bereits die Reichstagszitation eines Ordensbruders und Professors einer gerade erst gegründeten Universität denkbar ungewöhnlich und aufsehenerregend. Es konnte von vornherein als ausgemacht gelten, daß der nun gesteckte große Rahmen die Reformation stark fördern mußte, wenn es nicht gelang, Luther für immer zum Schweigen zu bringen. Daß mit letzterem von mehreren Seiten gerechnet wurde, ist nachweisbar. Ebenso offenbar erscheint es aber auch, daß gerade in Worms Luther ganz hinter der von ihm vertretenen Sache des Evangeliums zurückzutreten bereit war, bis hin zur physischen Vernichtung. Gedanken Luthers in dieser Richtung in den Wochen vor dem Reichstag sind beizubringen.

So ist nicht des Helden von Worms zu gedenken, sondern eher nach Luthers eigenem Urteil einer überaus wichtigen Phase in der Reformationsgeschichte, die das Evangeliumsverständnis – wenn auch *eher* indirekt als direkt – wesentlich gefördert hat.

Erbieten

(Oblatio sive protestatio)
Entwurf von der Hand Luthers, Ende August 1520

Dem Landesherrn Luthers, Kurfürst Friedrich dem Weisen von Sachsen, lag vor seiner Abreise zu den Krönungsfeierlichkeiten für den jungen Kaiser sehr daran, Luthers Bereitschaft erklärt zu bekommen, das ‚Beste hören und aufnehmen' (s. u.) zu wollen. Der Reformator verfaßte ein entsprechendes ‚Erbieten', das aber erst nach einer erheblichen Überarbeitung – vermutlich durch Spalatin – noch 1520 gedruckt wurde und vor der Zitation Luthers nach Worms in der Hand des Kurfürsten möglicherweise während seiner Verhandlungen mit Ständen des Reichs eine Rolle gespielt hat.
Vielleicht ist der dem Kurfürsten unter dem 25. 1. 1521 übersandte Druck sogar der Text, den der Kaiser – Aleander zufolge – zerfetzt und auf den Boden geschleudert hat.
Es ist interessant, daß nicht die ursprüngliche Fassung, sondern erst der überarbeitete Drucktext folgende Version aufweist (WA 6,480,28 bis 481,14):

Zu dem, das ich mich zu mehrmaln manchfeldiglich erboten habe, als eyn untertheniger, gehorsamer son der heyligen Christlichen kirchen, der ich vormittels gottlicher huelff ersterben wil, wo ich vor meynen widderwertigen kundt und mocht, zu schweygen und in rwe zusteen, mich besserer und Christlicher meynung auß der heyligen schrifft zulernen und unterweyßen lassen, mich in offentlicher disputation zuverhoeren gestaten, aller unvordechtigen Universiteth erkentnueß zuerleyden, vor unvordechtigen gleychen geystlichen und weltlichen Richtern, auff eyn frey, sicher und genugsam gleyt williglich und demuetiglich fuer tzukommen, und yhr vorhoer und urteyll antzunemen, und ßo ich nach erbarer vorlegung mit bestendigen grund der heyligen schrifft unrecht

befunden und überwunden wurdt, mich untertheniglich lassen weyßen und meynes furnemens, das bißher, on rum zureden, allein got zu lob und gemeyner Christenheyt zu gutt, trost und heyl meynem ayd und pfllichten nach, als eyn armer Doctor der heyligen schrifft genant, on alle suchung und begir eygenen rum, lobs, nutz und vorteyls gewest, gehorsamlich abtzusteen. Ist aber alles ßo gar vorgeblich und unfruchtbar bey meynen widerwertigen angesehen, das sie mich darueber fur ein ketzer, zudrenner der Christlichen eyntracht, ergerlich, ungutigen, yrrigen, rechtfluechtigen und untzellicher ander unweyße heymlich und offentlich on unterlas schelden, das ich yhn doch alles von hertzen vortzeyh.

(Der nachstehende Abdruck erfolgt nach WA 6,476,2–478,13. Die WA bietet anschließend den Drucktext von 1520)

Eynenn iglichenn, der diß buechlin lisszet oder horett, thu ich Martinus Luther Augustiner, genant Doctor der heyligen schrifft erynnernn, wie ich nu beyleufftig drey Jar on alles auffhorenn mich erbotten hab zu frid unnd verhor, datzu meyn sach ynn disputation unnd etlicher Universitetten urteyl begebenn, unnd yhe, ßo viel myr muglich geweßen, altzeyt gerne erfunden were, der lust und liebe zur ruge[1] und stille habe. Das alles durch gemeynß menschen feynds List unnd boßheytt vorgebens geschehen, unnd noch keyn auffhorenn fur augen ist, mich weytter unnd weytter ynn unruege zureisszen. Dann das mag ich auff meyn gewisszen sagen, das ich noch nie ynn meynen synn gefassett, ettwas von dem bapstum noch aller seyner gewallt zu dencken: Es were furwar woll alleß nach bliebenn, hette nit der neydhard[2] unnd ehrgeytz sich vermeßen, an myr eynen preyß erlangenn. Ich

---

[1] Ruhe

[2] der Neid in Person; Mißgönner; Mißgunst

bynn alleyn, unnd ßo viell widdersacher mich ßo grewlich antasten. Nu sie nit mehr kunden, lassen sie die sach fallen, unnd heben an meyn leben zu schmahen, sprechenn, ich sey peyssig[3], rach selig, unnd viel der namen mehr.
Nun ists yhe nit meyn furnehmen gewessen, meyn leben und heylickeytt (der ich myr selbs leyder altzu unbewußt bynn) auffzuruffen odder schuetzen. Ja hett ich mich versehen, das ich unter die gelereten verstendigen sollt getzelett werdenn unnd eynen solchen namen uberkummen[4], als von dem sich eyn mensch bessern kuende, furwar ich wollt mit gottlicher hulff meyn lare fruechtbarlicher gehandeltt haben.
Nu sehe ich, das meyn selbst groß verachtung, die ich alleyn dohyn gericht, mich schnell auß meynen feynden zu loßen, nit gar richtig gewessen ist, unnd der boße feynd, der nit auffhorett anzu fechten, durch solch nerrische demuett unnd meyns verachtung zu nachteyll meyner gutter lere (der ich mich nit versehen ynn myr seyn) geprauc‌ht hatt.
Derhalben bitt ich alle meyn freund unnd feynnd, wollten myr noch frid unnd ruege gonnen, unnd wo ich zuvill than, meynß auffs beste auslegen, Angesehen das ich alleyn, der auch fleysch unnd blutt, auß keynem felß gesprungen, widder ßo viel grossze gelerte boßwillige menschen hab muessen on meynen willen streytten. Es sollt yhe billig nit wunder synn, das ßo viell reyssende Wolff eynen hund bellen, auch beyssen zwungen. Ich hab noch keynen mit gleichem maß, da myr mit gemessen, betzalhett. Ich erbiette mich auch noch gegen yderman, das beste zuhoren unnd auffnehmen: dann ich, das Gott weyß, yhe nit gerne wollt unchristlich handellnn, odder das leren, reden unnd schreyben, das widder gott unnd seelen selickeytt weere. Wo myr aber frid und ruge nit will gelassenn werdenn, ßo bitt ich, das yhm niemand furnehm

---

[3] bissig; empfindlich

[4] erhalten; erwerben; erreichen

mich muede odder matt zu machen: Dann meyn geyst, mir von Gott geben, alßo steht, das ich ehe die gantze Welt vertraw muede zu machen. Mein felß, darauf ich baw, stett fest, wird myr auch nit wancken noch sincken, ob gleych alle hellischen pfortten da widder streyttenn, das alleß bynn ich gewissz.

Es ficht mich nichts an, das ettlich myr schult gebenn, ich woll mich anmassen groeßer Kunst, denn alle Welt hatt, unnd alleyn seyn lux mundi[5]. Hett man mich ynn meynem winckel lassenn, sie weren wol fur myr blieben meyster zu Israel[6], und ich was ich were. Es stund die Christliche warheytt eyn mall alleyn auff Sanct Pauel, Aber eyn mal auff Sanct Athanasii, item[7] auff S. Augustini: Ja es hat eyn mal eyne Eselynne widder den propheten geredt[8]. Wer weyß, was Gott durch unß wircken will? Er ist eben derselb Gott, ob wyr gleych ßuender seyn, doch seyne creatur bleyben mussen, unnd erschrecklich ist ynn seynenn gerichtenn ueber der menschen kinder.

Das will ich gutter meynung ydermann furgelegt habenn, sich selb zubewaren fuer frevelem urteyll unnd ferlickeytt hassz und neids. Bitt gar demutig unnd freuntlich, niemant woll sich zu myr haß odder ungunst vorsehen: dann meyn mutt ist zu frolich unnd zu groß datzu, das ich yemand mocht hertzlich feynd seynn. Ich hab auch nichts fuer augenn, denn die sach der warheytt an yhr selb, der ich auß hertzen hold bynn: Unnd ob ich umb yhrer willen zuweylen byn odder seyn wuerd zu frey unnd frisch, wollt myr dasselb eyn iglicher freuntlich vertzeyhen. Ich weyß yhm nit mehr zuthun. Gottes willen geschehe auff der erdenn wie ym hymell. Amenn.

---

[5] das Licht der Welt; vgl. Joh. 8,12

[6] Vgl. Joh. 3,10

[7] ebenso

[8] 4. Mose 22,28

Primo advertatis ne inter vos et dominum Joannem Echium exoriatur aliqua discordia, qua hoc sanctum opus vobis commissum perturbetur, aut aliquo modo impediatur; cum sanctissima charitate ac benevolentia omnia accuratissime pertractabitis: Nam S*mus* D. N. utrumque aequaliter diligit, et remunerare paratus est.
Secundo necesse est, ut habeatis Bullam in qua creemini Prothonotarius Nuntius apostolicus et specialis inquisitor ad reprimendum Martinum ac ejus sequaces cum potestate in-

Kuriale Anweisung

vom 18. Juli 1520 für den päpstlichen Nuntius Hieronymus Aleander zu seiner Tätigkeit am kaiserlichen Hof

Die Stimme des Papstes in der Luthersache kam durch den überaus begabten und geschickt vorgehenden ehemaligen Gräzisten und Hebraisten und früheren Pariser Universitätsrektor Aleander auf dem Reichstag zu Gehör. Seine früheren und späteren kurialen Aufträge signalisieren seine Bedeutung. Er starb 1542 als Erzbischof von Brindisi und Kardinal.
Durch zahlreiche Verhandlungen mit Reichsständen und mit dem Kaiser selbst sowie durch seine eindrückliche Rede vor der Ständeversammlung am 13. 2. 1521 hat Aleander den in der Luthersache zögernden Reichstag immer wieder im päpstlichen Sinne nach vorn getrieben.
Seine Instruktion gibt Kunde von den Vorstellungen und Absichten, die die Kurie mit seiner Mission in Worms verband.
(Der Abdruck erfolgt nach Balan, Petrus: Monumenta Reformationis Lutheranae. Ratisbonae 1884, S. 8–10)

1. Ihr sollt darauf achten, daß zwischen Euch und Herrn Johannes Eck nicht irgendwelche Zwietracht entsteht, wodurch dieses heilige Euch übertragene Werk zerstört oder auf irgendeine Weise gehindert wird. Mit heiligster Liebe und Wohlwollen werdet Ihr alles mit höchster Genauigkeit ausführen; denn unser heiligster Herr (gemeint ist der Papst) liebt beide[1] gleichmäßig und ist bereit zu belohnen.
2. Es ist erforderlich, daß Ihr die Bulle habt, in der Ihr zum Protonotar, apostolischen Nuntius und besonderen Inquisitor ernannt werdet, um Martinus (Luther) und seine Gefolgsleute zu unterdrücken, und zwar mit der (Voll-)Macht,

[1] Eck und Aleander

ventos culpabiles, aut errores in bulla damnatos quomodo libet praedicantes asserentes seu defendentes seu disputantes publice vel occulte, carcerandi, puniendi etiam ultimo supplicio et tradendi Curiae saeculari, ac invocandi brachium sive auxilium cujuslibet Principis vel domini tam ecclesiastici quam saecularis, et cum facultate declarandi eos incidisse in Bullam, et haec omnia post publicationem bullae et lapsum termini in ea contenti.

Tertio, quia negocium hujusmodi est grande et laboriosum, et multa incumbunt in diversis locis peragenda, necesse videtur ut partiamini ad invicem labores vestros: Vos igitur Domine Hieronyme ibitis ad Curiam Caesaris recto tramite, et ibi praesentabitis bullam plumbatam ejus M*ti*, suadebitisque ut tam pernitiosae pesti obviare velit praesertim in initio suae advocationis et susceptae defensionis pro sancta Romana Ecclesia quo nihil gloriosius posset facere, ostendendo M*ti* suae qualiter S*mus* D. N. et sedes Apostolica non ad fovendas contentiones nec rixas, sed ad sedandas et extinguendas haereses mature processit, et communicatis omnibus erroribus seu articulis in bulla contentis cum s*tae* Ro. Eccl. Cardinalibus ac multis aliis doctissimis viris Ro. Curiae illos damnavit, et propterea cum fecerit quod sui officii est, petit brachium potentiae M*tis* suae cujus officium est haereticos ante omnia extirpare, atque ideo juxta apostolicum gladium portat, ut malis hominibus purget Ecclesiam Dei et nitamini impetrare litteras ab ejus M*te* ad omnes Germaniae Principes tam saeculares ecclesiasticos, hortatorias, ut velint adju-

die als schuldig Erfundenen oder die, welche die in der Bulle verdammten Irrtümer öffentlich oder verborgen auf irgendeine Weise predigen, bestätigen, verteidigen oder darüber disputieren, gefangenzusetzen, auch mit der höchsten Strafe zu bestrafen und sie der weltlichen Gerichtsbarkeit zu übergeben. Dazu sollt Ihr den Arm oder die Hilfe jedes beliebigen geistlichen und weltlichen Herrn anrufen, und zwar mit der Bevollmächtigung, sie (deren Verhalten oben aufgezählt ist) als im Sinne der Bulle schuldig zu erklären, und dieses alles nach der Veröffentlichung der Bulle und nachdem der in ihr enthaltene Termin verstrichen ist.

3. Da dieses ein großes und mühsames Unternehmen ist und viele Aktionen in verschiedenen Orten erfordert, scheint es notwendig zu sein, daß Ihr Eure Arbeiten untereinander aufteilt: Deshalb werdet Ihr, Herr Hieronymus, Euch geradewegs zum Hof des Kaisers begeben. Dort werdet Ihr die bleiversiegelte Bulle Sr. Majestät übergeben und ihn bestimmen, der so verderblichen Pest zu widerstehen, zumal er keine rühmlichere Gelegenheit hat, seine Schutz- und Verteidigungsverpflichtung für die heilige römische Kirche zu beginnen. Ihr werdet seiner Majestät zeigen, wie der Papst und der Apostolische Stuhl, nicht um Streitigkeiten und Auseinandersetzungen zu begünstigen, sondern um Ketzereien zur Ruhe zu bringen und auszulöschen, in reiflicher Überlegung vorgegangen ist. Nachdem alle Irrtümer oder Artikel gesammelt und in der Bulle zusammengefaßt worden sind, hat er sie mit den Kardinälen der heiligen römischen Kirche und vielen anderen hochgelehrten Männern der römischen Kurie verdammt. Deshalb bittet er, nachdem er getan hat, was seines Amtes ist, den Arm der Macht Sr. Majestät, dessen Amt es ist, vor allem Häretiker auszurotten, und der deswegen das apostolische Schwert trägt, um die Kirche Gottes von bösen Menschen zu reinigen. Seid bestrebt, von Sr. Majestät an alle Fürsten Deutschlands, weltliche wie geistliche,

vare ad executionem bullae et omnia in ea contentorum et prout videbitur melius expedire, quarum forma prudentiae vestrae relinquitur. Aliam vero bullam plumbatam poteritis ei Principi vel domino presentare cui magis videbitur vobis expedire, dando copias multas omnibus volentibus illas habere, praesertim Metropolitanis, hortando illos ut eas mittant ad suos suffraganeos, et ad Monasteria et collegiatas ecclesias, publicandas et legendas juxta formam bullae, necnon alias multas mittant ad alios metropolitanos hortando illos ut similiter mittant ad suos suffraganeos et aliis metropolitanis successive publicandas et legendas, ita ut perveniant ad omnes diocaeses et ecclesias Germaniae.

Quarto adhibitis tam Leodiensem quam alios Praelatos et dominos in Cura exercentes, et facietis illos quantum erit possibile favorabiles huic sancto operi.

Quintos, si Martinus per se vel alium ex fautoribus ut adhaerentibus suis vellet se justificare et petere se audiri in Curia Caesaree Majestatis respondebitis jam sibi fuisse per S*m* D. N. oblatum salvum conductum ut veniret ad Romanam Curiam et Sedem apostolicam ubi causae haeresum de jure tractari et diffiniri debent, praesertimque postquam Sanctissimus D*nus* N. apposuit manum et condemnavit hujusmodi errores, quae gesta per suam sanctitatem si alibi examinarentur esset contra omnem justitiam et divinam et humanam, et si Martinus vellet hodie ad romanam Curiam venire et ibi audiri, paratus est S*mus* D. N. juxta formam bullae dare sibi plenissimum salvum conductum, et libentissime eum audire.

Briefe zu bekommen, die zur Hilfsbereitschaft mahnen zum Vollzug der Bulle und all dessen, was in ihr enthalten ist und was sonst noch besser voranzubringen sein könnte. Die Form dieser Briefe überlassen wir Eurer Klugheit.

Eine weitere mit Blei versiegelte Bulle sollt Ihr demjenigen Fürsten und Herrn präsentieren, der Euch am förderlichsten vorkommt. Gebt viele Kopien all denen, die sie haben wollen, besonders den Erzbischöfen, und mahnt sie, daß sie sie an ihre Suffragane schicken und an die Klöster und Kollegiatkirchen, um sie zu publizieren und gemäß dem Wortlaut der Bulle zu verlesen. Sie sollen viele weitere Kopien an andere Erzbischöfe senden mit der Aufforderung, daß jene sie ähnlich weiterschicken an ihre Suffragane und anderen Erzbischöfen nacheinander zur Veröffentlichung und Verlesung, so daß sie in alle Diözesen und Kirchen Deutschlands gelangen.

4. Wendet Euch an den Lütticher (Bischof), wie auch an andere Prälaten und Herren am Hofe, und macht sie, soweit es möglich sein wird, diesem heiligen Werk geneigt.

5. Wenn Martinus (Luther) selber oder durch einen anderen unter seinen Gönnern und Anhängern sich rechtfertigen und begehren will, gehört zu werden bei Hofe der kaiserlichen Majestät, so sollt Ihr antworten, durch den Papst sei ihm bereits sicheres Geleit angeboten worden, damit er an die römische Kurie und den Apostolischen Stuhl kommen kann, wo die Gegenstände häretischer Meinungen behandelt und entschieden werden sollen. Nachdem der Papst seine Hand darauf gelegt und jene Ketzereien verdammt hat, wäre es vor allem gegen jede göttliche und menschliche Gerechtigkeit, wenn durch seine Heiligkeit Entschiedenes andernorts (erneut) geprüft würde. Wenn Martinus jedoch heute zur römischen Kurie kommen und dort gehört werden wollte, so wäre nach dem Wortlaut der Bulle der Papst bereit, ihm vollkommen sicheres Geleit zu gewähren und ihn sehr gern zu hören.

Sexto scribatur S*mo* D. N. cito et sigillatim quecumque facietis ut pro tempore possit remedium afferre: et domino Joanni Echio de his que necessaria videbuntur pro publicatione et executione bullarum ei commissarum, ut sit bono ad expediendum omnia, et si contingeret vos conferri ad loca cum ipso Domino Joanne, pro hujusmodi publicatione nihil facietis preter sententiam et consensum ejus, et similiter si contingeret ipso Domino Joanne accedere ad Curiam Caesaris nihil ipse faciet nec attemptabit sine consilio vestro.
Ultimo hortabimini tam Caesaream Majestatem quam omnes Principes ut post publicationem bullae et lapsum termini in ea contenti Martinus capiatur, et ut vinctus ducatur ad Curiam Romanam ut condigna poena puniatur, aut saltem ipse sequacesque sui quos possitis, vigore facultatis inquisitionis vobis commisse specialiter nominare et declarare, ut similiter puniantur vel saltem expellantur ex tota Germania prout conducibilius existimabitis, similiter procendendo ut vobis videbitur expedire contra universitates et collegia quaecumque hujusmodi erroribus faventia, specialiter declarando ea incidisse in penas bullae. Moderanda tamen haec omnia vobis per locorum et temporum ratione relinquimus.
Item, cum didicerimus per chalcographos, libros seminari famosos et injuriosos, ac haereseos plenos, ideo locorum ordinariis bullam constitutionis Lateranensis Concilii super hoc insinuetis, eis ex commissione vobis facta a sede apostolica injungentes ut eam exequantur et vobis auxilio sint, libros

6. Schnell und mit Siegel versehen werdet Ihr dem Papst schreiben, was Ihr tut, damit er zur Zeit zu Hilfe kommen kann. Schreibt auch dem Herrn Johannes Eck über das, was notwendig erscheint zur Publikation und zum Vollzug der Bullen, die ihm übergeben worden sind, so daß es der Ausrichtung des ganzen Unternehmens zugute komme. Wenn es sich ergibt, daß Ihr mit Herrn Johannes selbst zusammenkommt, werdet Ihr zur Publikation dieser Art nichts unternehmen ohne seine Meinung und seine Zustimmung. Ähnlich wiederum soll, wenn es sich so trifft, daß Herr Johannes selbst an den kaiserlichen Hof kommt, er nichts selber tun und versuchen ohne Euren Rat.

7. Schließlich sollt Ihr die kaiserliche Majestät und alle Fürsten ermahnen, nach Veröffentlichung der Bulle und Ablauf der in ihr enthaltenen Frist Martinus zu verhaften und ihn in Fesseln an den römischen Hof zu bringen, damit er der entsprechenden Strafe zugeführt werden kann. Schließlich sollen er selbst und seine Gefolgsleute, die Ihr kraft Euch übertragener Inquisitionsvollmacht besonders nennen und bezeichnen könnt, ähnlich bestraft oder wenigstens aus ganz Deutschland ausgetrieben werden, wie Ihr es am ehesten für durchführbar haltet. Ähnlich werdet Ihr verfahren nach Eurem Ermessen gegen Universitäten und Kollegien, wo derartige Irrlehren unterstützt werden, indem Ihr ausdrücklich erklärt, daß sie den Strafen der Bulle anheimgefallen sind. Wir überlassen es Euch, dieses alles abzumildern, je nach den Gegebenheiten an bestimmten Orten und zu bestimmten Zeiten.

Da wir gehört haben, daß durch Drucker berüchtigte und unrechtmäßige Bücher vertrieben werden, voll von Irrlehre, so teilt den Diözesanbischöfen die darüber beschlossene Bulle des Laterankonzils[2] mit und erlegt ihnen auf, kraft des Euch vom Apostolischen Stuhl gewordenen Auftrages, daß sie sie ausführen und Euch Hilfe leisten, die hussitischen

Hussiticos impressos comburendi, et alios, scriptos contra fidei veritatem ac sedis apostolicae dignitatem, sicut est Hutteni epistola prefixa libro cujusdam scismatici, Trias et similia.

Idem ubi nuntius noster erit, omnia vobis per nos commissa communicabitis, et ea communi consilio et consensu expedietis.

Reliqua suppleat Prudentia vestra, in qua S*mus* D. N. confidit.

Evangelista.

Druckschriften zu vernichten und auch andere, die gegen die Wahrheit des Glaubens und die Würde des Apostolischen Stuhles geschrieben sind, wie es der Brief Huttens als Vorwort für ein gewisses schismatisches Buch, die Trias und ähnliche Dinge sind.

Ebenso, wo unser Nuntius[3] gerade ist, dort macht ihn mit allem, was Euch durch uns aufgetragen ist, vertraut, und führt das alles mit gemeinsamem Rat und Verständnis aus.

Das übrige füge Eure Weisheit hinzu, der der Papst fest vertraut.

---

[2] Die Bulle Inter sollicitudines aus der 7. Session des 5. Laterankonzils am 4. 5. 1515. Darin wird die Literaturzensur unter die Aufsicht des Ortsbischofs bzw. der Organe gestellt, die der Bischof dazu einsetzt.

[3] Marinus Caracciolo

Verhandlungen

der Gesandten des Papstes mit Friedrich dem Weisen am 4. und 6. November 1520 in Köln

Der sächsische Kurfürst, 1519 immerhin Anwärter auf die Kaiserkrone, war auch in der Folgezeit ein wesentlicher Faktor der Reichspolitik. Es lag viel daran, wie er sich zu Luthers Sache stellte. Die Rücksicht auf ihn mußte auch die Behandlung Luthers durch Kaiser und Reich beeinflussen.
Da auf die in den Kölner Verhandlungen angesprochenen Fragen im Verlaufe des Reichstages des öfteren zurückgegriffen wurde, wird der sächsische Bericht darüber hier wiedergegeben. Er zeigt, welche Bedeutung dem Wirken Luthers bereits jetzt von seiten der Kurie und ihrer Beauftragten beigemessen wurde. Er dokumentiert aber auch, wie vorsichtig der Kurfürst den kurialen Emissionären gegenüber sich zur Reformation in seinen Landen äußerte, obwohl in seiner näheren Umgebung längst deutliche Sympathiekundgebungen für Luther laut geworden waren.
Auf jeden Fall wollte Friedrich der Weise, daß dem Professor an seiner neugegründeten Universität (1502) Gerechtigkeit widerfahren sollte. (Der Abdruck erfolgt nach: Deutsche Reichstagsakten. Jüngere Reihe. II. Gotha 1896, S. 462,31–466,15)

Am Sonntag nach Allerheiligen (Nov. 4), als Kurfürst Friedrich am Vormittage bei den Barfüßern dem Gottesdienst beiwohnte und dort von einigen geistlichen und weltlichen Fürsten begrüßt wurde, erschien auch der Gesandte Leos X., Marinus Caracciolo, und hielt kurz nach Anfang der Messe Audienz. Er überreichte in Gegenwart der Bischöfe von Trient und Triest und einiger sächsischer Räte dem Kurfürsten ein päpstliches Breve[1] und sprach dann vieles über die Verdienste des Kurfürsten und seiner Vorfahren, durch die

[1] das Beglaubigungsschreiben für Caracciolo

das Kaisertum von den Griechen auf die Deutschen gekommen sei, und wie jetzt die Hoffnung der Kirche und des Reiches auf dem Kurfürsten ruhe. Ihm gesellte sich dann plötzlich Aleander zu, den Caracciolo das Weitere reden ließ.

Aleander überreichte zunächst ebenfalls ein Breve, durch welches bezeugt wurde, daß ihm und Eck die Sache Luthers übertragen worden sei. Auch er verbreitete sich lobend über die Verdienste des Kurfürsten und seines Geschlechts und wies dann auf die große Gefahr hin, in der die Christenheit sich jetzt durch Luther befinde, der weit Schlimmeres lehre als Huß und Hieronymus von Prag. Wenn nicht rechtzeitig eingeschritten werde, so sei es um das Imperium Romanum geschehen, wie es früher die Griechen verloren hätten, als sie von dem Papste abfielen. Nach vielen Reden erbat er endlich zweierlei: 1. der Kurfürst solle alle Bücher Luthers verbrennen lassen; 2. ihn strafen, ihn gefangen setzen und verwahren oder dem Papste übersenden. Er scheute sich nicht, zu versichern, daß der Kaiser und alle Fürsten, die er darum ersucht habe, die Forderung des Papstes gewährt hätten, nur Kurf. Friedrich sei noch übrig.

Der Kurfürst ließ durch den Bischof von Trient antworten, die Sache sei zu wichtig, um sofort darauf einen Bescheid zu erteilen, und verschob denselben. Wegen wichtiger Beschäftigungen des Kurfürsten verzögerte sich dieselbe bis zum Nachmittage des 6. Nov., an dem der Kurfürst durch einige Räte und Diener den päpstlichen Gesandten in Gegenwart des Bischofs von Triest ebenfalls im Barfüßerkloster folgendes antworten ließ.

Der Kurfürst hat sich nicht versehen, daß der Papst diese Forderung an ihn stellen werde; er hat sich bemüht, in den Bahnen seiner Vorfahren zu wandeln, und denkt sich auch in Zukunft als christlicher Kurfürst und treuer Sohn der Kirche zu erweisen. Aus den päpstlichen Breven vernimmt er, daß die Sache Luthers Aleander und Eck gemeinsam übertragen

worden ist; nun hat aber Eck während der Abwesenheit des Kurfürsten aus seinem Lande gewagt gegen den Inhalt der Bulle auch andere außer Luther zu nennen[2]; das stimmt nicht mit dieser Handlung, und der Kurfürst giebt den Nuntien zu bedenken, wie ihn das berühren muß. Auch weiß er nicht, was von Luther und seinen Unterthanen dagegen vorgenommen worden ist; nicht unmöglich ist es, daß sich das Volk, die Gelehrten und die Ungelehrten, Luthers Sache und Appellation angeschlossen haben. Der Kurfürst hatte nie etwas mit Luthers Sache gemein und hat es auch jetzt nicht; er mißbilligt es, wenn Luther unbillig gegen den Papst geschrieben oder anders gelehrt hat, als einem christlichen Theologen ziemt. Um der Sache willen hat der Kurfürst vor zwei Jahren den Kardinal Sti. Sixti, der den Streit durch väterliche Vermahnung beilegen wollte, mit Luther verhandeln lassen. Außerdem ist der Erzbischof von Trier[3] für Luther als päpstlicher Kommissar bestellt, ihm würde Luther gehorcht haben, wenn er ihn unter genügendem sichern Geleit erfordert hätte. Luther selbst hat sich schon zu so vielem erboten[4] und erbietet sich noch heute dazu, daß man nicht glauben darf, er werde dem nicht nachkommen. Der Kurfürst läßt es dahingestellt, ob Luther, wie er selbst und viele Gelehrte und fromme Männer behaupten sollen, durch die Angriffe seiner Gegner zum Schreiben veranlaßt sei. Weder vom Kaiser noch von jemandem anders ist dem Kurfürsten bisher mitgeteilt, daß Luthers Schriften so überwunden seien, daß sie das Verbrennen verdient hätten; wird ihm das überzeugend nachgewiesen, so wird er alles thun, was ihm als einem christlichen

---

[2] Darunter befinden sich Karlstadt, Egran, Hutten, Pirkheimer und Lazarus Spengler

[3] Den Trierer Erzbischof Richard von Greiffenklau hatte der sächsische Kurfürst bereits 1519 als Schiedsrichter vorgeschlagen

[4] Vgl. oben Luthers Erbieten vom August 1520

Fürsten und gehorsamen Sohn der katholischen Kirche ziemt. Jenes Vorgehen ist aber dem Kurfürsten ebenso wie seinem Bruder[5] und ihren Unterthanen unerträglich. Deshalb bittet er, daß die päpstlichen Gesandten unter Aufgabe des bisher eingeschlagenen Weges die Sache dahin führen, daß Luther vor aequis, eruditis, piis et non suspectis iudicibus sub fide publica sufficiente securamento et conductu libero, locis non iniquis[6] gehört wird und seine Bücher, ehe er gehört und überwunden ist, nicht verbrannt werden.[7] Denn wenn Luther überwiesen ist, so wird der Kurfürst ihm, dem Unwürdigen, nie beitreten; aber er hofft, daß der Papst auch dann nichts von ihm fordern wird, was er nicht mit Ehren tun könne; sonst sei er als gehorsamer Sohn der Kirche dem Papste zu dienen bereit.

Nach einer Beratung der päpstlichen Gesandten und ihrer Genossen faßte Aleander die Antwort des Kurfürsten zusammen und wies darauf hin, wie der Papst auf viele Weise versucht habe, Luther auf den rechten Weg zu bringen. Caracciolo warf Luther vor, daß er seinem vielfachen Erbieten nicht nachgekommen sei, und Aleander wandte alles so, als ob er die beste Sache führte. Er bestritt das Recht des Erzbischofs von Trier, hierin zu urteilen, sein Auftrag sei erloschen; dem Papst allein komme, da es eine Glaubenssache sei, das Urteil zu; auch der Kurfürst würde es nicht dulden,

---

[5] Johann der Beständige, Mitregent in den ernestinischen Erblanden und nach dem Tod Friedrichs des Weisen (1525) auch Kurfürst von Sachsen

[6] ... vor gerechten, gelehrten, frommen und nicht verdächtigen Richtern in Sachen des öffentlich-allgemeinen Glaubens unter ausreichender Sicherung und bei freiem Geleit an passenden Orten ...

[7] Vieles von dem, was der Kurfürst hier anspricht, deckt sich mit dem, was Luther selbst als sachgemäß in dem Verfahren mit ihm gefordert hatte

wenn seine Unterthanen einen fremden Fürsten zum Richter wählten. Nach vielen zum Teil sich widersprechenden Worten sagte er, es stände ihm und seinem Kollegen nicht zu, einen andern als den in der Bulle vorgeschriebenen Weg einzuschlagen, deshalb würden sie fortfahren, Luthers Bücher zu verbrennen. Denn der Papst wolle nicht gegen Luthers Person procedieren und nicht, wie Al. sagte, seine Hände mit Luthers Blut fett machen.

Es war spät am Tage, und sie schienen noch vieles vorbringen zu wollen. Da man aber weiter keinen Befehl zur Antwort hatte und der Kurfürst wichtiger Geschäfte wegen nicht persönlich anwesend sein konnte, so schied man von einander.

Begehren

Karls V. an Friedrich den Weisen, Luther mit auf den Reichstag zu bringen, am 28. November 1520

Der Einfluß der päpstlichen Gesandten am kaiserlichen Hof war schwankend. Offenbar war Karl nicht gewillt, allen päpstlichen Initiativen, auch in Luthers Angelegenheit, nachzugeben. Seine Aufforderung an Friedrich den Weisen, Luther mit auf den Reichstag zu bringen, kommt der kurfürstlichen Meinung, über den päpstlicherseits so hart Beschuldigten und seit Monaten mit dem Bann Bedrohten nicht ohne Verhör zu urteilen, zwar entgegen, hat aber im Vorgehen in dieser Sache nicht Friedrichs Beifall; denn aus der späteren Korrespondenz wird ersichtlich, daß der Kurfürst nicht bereit war, Luther mit nach Worms zu bringen (cf. seine Schreiben an den Kaiser vom 20. und 28. 12. 1520. RA II 470–475).
Aleander, der alles getan hatte und auch in Zukunft instruktionsgemäß alles tat, um Luthers Erscheinen auf dem Reichstag zu verhindern, war zur Zeit der Abfassung des kaiserlichen Briefes nicht am Hofe. Vielleicht hat Karl V. diese Situation ausgenutzt. Der Nuntius zeigt sich jedenfalls überaus empört über die Absicht des Kaisers, Luther anzuhören, nachdem das kirchliche Urteil über ihn gesprochen worden sei.
In der Tat war der Kaiser in dieser Phase des Geschehens nicht unbedingt der gehorsame Sohn des Papstes. Seine schwankende Haltung erst ermöglichte die Zitation Luthers, wenn auch von den verschiedenen Kräftegruppen auf der Ständeversammlung die Voraussetzungen für das Verhör sehr unterschiedlich gesehen wurden. In dem nachstehenden Brief und in dem bereits oben abgedruckten sächsischen Bericht über die Verhandlungen Friedrichs mit den Nuntien stand expressis verbis nichts vom Widerruf Luthers!
Als die päpstlichen Gesandten die Zitation nicht mehr verhindern konnten, publizierten sie verständlicherweise die Meinung, Luther werde nur zugelassen, wenn er zum Widerruf bereit sei.
(Der Abdruck erfolgt nach: RA II, 466,23–468,11)

Hochgeborner lieber oheim und churfurst. Wir sein zu etlichen malen von babstlicher Heiligkait potschaft mit hohem vleis ersuecht worden, das wir zu verhuetung weiteres unrats des doctor Martins Lutter buecher, wie dann in unseren Nider-Burgun(di)schen erblanden beschehen wer, alhie und sunst uberal im heiligen reich verbrennen lassen wolten. Nu hat (un)s der hochgeborn unser lieber oheim Wilhelm marggraf zu Arschot und der wolgeboren unser lieber getr(eue)r Hainrich grave zu Nassau, unser stathalter in Holand, anzaigt, das deiner lieb begern an uns sein solle, das wir nichts wider beruerten Lutter, er sei dann zuvor verhört worden, handlen oder fürnemen lassen. Und dieweil wir dise sache, daraus vil zerruttung und irrung erwachsen möchte, je geren abstellen wolten, begeren wir an dein lieb mit hohem vleis, du wellest den obbestimten Lutter mit dir auf den nechstkünftigen reichstag gen Wormbs bringen, so wellen wir in alda von gelerten und hochverstendigen personen genugsamlich verhörn lassen und darob sein, das im kain unrecht oder ichts wider recht beschehen solle; doch das du zur verhuettung weiters unlusts bei den beruerten Lutter ernstlichen bestellest und darob seiest, damit er mitlerzeit in kainerlai weg, wie das beschehen möchte, etwas wider bebstliche Heiligkait oder den stuel zu Rom schreib oder ausgeen lass. Und dein lieb thut uns daran sonder gefallen, gegen derselben in gnaden zu erkennen. Geben zu Oppenhaim, (am) 28. tag novembris a. d. etc. im 20., unserer reiche des (Römischen im andern und der) andern reiche im fünften.

Widerruf

des kaiserlichen Aufforderungsschreibens, Luther mit auf den Reichstag zu bringen, am 17. Dezember 1520

Die Vorhaltungen, die Karl V. von der Papstpartei am Hofe wegen seines relativ bedingungslosen Einladungsschreibens vom 28. 11. 1520 erfahren hatte, blieben auf ihn nicht ohne Wirkung. Er zog durch ein weiteres Schreiben an den sächsischen Kurfürsten seine Aufforderung praktisch zurück. Die Tatsache des in Aussicht stehenden päpstlichen Bannes und der Widerruf Luthers standen jetzt im Vordergrund; außerdem sollte Luther, wenn überhaupt, höchstens bis nach Frankfurt (M.) mitgeführt werden.
(Der Abdruck erfolgt nach: RA II, 468,23–470,21)

Als wir deiner lieb jüngst von Oppenheim aus geschrieben haben ... (es folgt der Inhalt des früheren Schreibens vom 28. Nov.), und dieweil wir jetzo glaublichen bericht werden, das derselbe Luther in des Babst hochsten (pann getan[1]), auch an welchen orten und enden er kömt oder ist, das daselbest bäbstlich interdict ge(halten, darzu) welhe mit im handlen oder wandlen in den obberüerten swären pann gefallen sein sollen: so (haben) wir treffenlichen bewegen, sollt der Luther mit deiner lieb hieher kommen, es mocht daraus (gross irrung entsteen; und uns und) dem heiligen reiche und derselben stende zu merklichen verwiss bei fremden nationen (ausgelegt werden, welchem dan, als du ermessen) magst, albeg furzukomen ist. Und damit solhe verhindert werde,

[1] Der Kaiser war darauf aufmerksam gemacht worden, daß die in der Bulle festgesetzten 60 Tage für die Frist des Widerrufs abgelaufen waren und der Bann ausgesprochen werden würde. Der Erfolg der Agitation Ecks und Aleanders wurde in unserem Schreiben dann deutlich sichtbar

begern wir demnach an deine liebe mit sonderm ernstlichen vleis, du wellest bemeltem Luther anzeigen und furhalten, sovern er alles das, so er wider bäbstlich Heiligkait und den stuel zu Rom, auch wider die gesetz der concili geschrieben hat, jetz und ee er wegzeucht, widerruffen und sich berüerter bäbstlicher Heiligkait und des stuels zu Rom erkentnis unterwerfen wolle, das du ine alsdann mit dir nemest, aber nit gar hieher gen Wormbs bringest, sondern zu Frankfurt an Mayn oder in ainem andern flecken daselbstumb lassest, und alda weiter beschaid erwarte. Wo er aber solhs abschlagen und nit thuen wollt, alsdan ine anheim beleiben lassest, solang bis wir deshalben mit deiner lieb mündlich geredt und gehandelt haben. Das solten wir deiner lieb nit verhalten, und dein lieb thut daran unsere ernstliche mainung. Geben in unser und des heil. reichs stadt Wormbs, am 17. tag des monats decembris anno etc. im zwanzigisten, unser reiche des Römischen im andern und aller andern im fünften jarn.

Brief Luthers an Spalatin

vom 29. Dezember 1520 über eine eventuelle Berufung auf den Reichstag

Luther war von dem Sekretär Friedrichs des Weisen, Georg Spalatin, der klar auf seiten der Reformation stand, durch Briefabschriften aus der Korrespondenz des Kurfürsten vom Stand der Dinge unterrichtet und gefragt worden, wie er sich einer Zitation nach Worms gegenüber verhalten würde.

Luthers Antwort ist die eines Freundes an einen Freund; sie ist aber vor allem ein Zeugnis dafür, daß er das kaum begonnene Werk ganz in die Hand des Herrn der Kirche zu legen bereit war.

(Der Abdruck erfolgt nach: WABr 2,242,9–243,48)

... Ego vero, si vocatus fuero, quantum per me stabit, vel ęgrotus advehar, si sanus venire non possem. Neque enim dubitari fas est, a Domini me vocari, si Caesar vocat. Porro si vim rem gesserint, sicut est verisimile (neque enim, ut doceri velint, me vocandum curant) Domino commendanda est causa. Idem enim vivit et regnat, qui tres pueros in fornace regis Babylonis servavit. Quod si servare nolit, parva res est caput meum, si ad Christum comparetur, qui summa ignominia et omnium scandalo multorumque pernicie occisus est. Nam hic nullius discriminis, nullius salutis ratio habenda est; curandum potius contra, ne euangelium, quod semel cępimus, in ludibrio impiorum relinquamus, causamque demus adversariis gloriandi adversum nos, quod confiteri non audeamus, quę docuimus, et sanguinem pro eo fundere metuamus, quam nostram ignaviam et illorum iactantiam Christus misericors avertat, Amen.

Proinde etsi ita fieri oporteat, ut reges terrę et principes conveniant in unum et cum gentibus et populis fremant adversus Dominum et adversus Christum eius, tamen eodem psalmo, docet Spiritus, beatos fore, qui confidunt in eo. Nec solum hoc, verum et irridebit Dominus et subsannabit illos. Nostrum certe diffinire non est, ex vitane an ex morte mea plus minusve periculi sit orturum euangelio et publicę saluti.

... Auf einen Ruf hin würde ich reisen, wie immer es um mich stünde, auch krank, sofern ich gesund nicht kommen könnte. Wenn der Kaiser beruft, ist es unzweifelhaft so, als würde ich vom göttlichen Herrn gerufen. So sie nun mit Gewalt die Sache ausführen, wie es wahrscheinlich ist (denn sie wollen doch nicht belehrt werden, wenn sie meine Berufung betreiben), dann ist das eine Sache, die dem Herrn überlassen werden muß. Er lebt und regiert ja noch, der die drei (jungen) Männer in dem Ofen des babylonischen Königs bewahrte.[1] Will er nicht helfen, dann ist mein Kopf eine unbedeutende Sache, wenn man sie mit Christus vergleicht, der in der höchsten Entehrung, zum Skandal für alle und zum Verderben vieler starb. Denn hier darf nicht Rücksicht genommen werden auf (eventuelle) Gefahr oder Rettung. Eher ist im Gegenteil dafür zu sorgen, daß wir nicht das Evangelium, welches wir einmal empfangen haben, dem Spott der Gottlosen überlassen und den Feinden Veranlassung geben, sich gegen uns zu rühmen, als ob wir es nicht wagten zu bekennen, was wir gelehrt haben, und uns fürchteten, unser Blut dafür zu vergießen. Der barmherzige Christus verhüte unsere Feigheit und die Prahlerei jener. Amen.
Deshalb, wenn es auch geschehen muß, daß Könige der Erde und Fürsten zusammenkommen gegen ihn und mit den Stämmen und Völkern gegen den Herrn und seinen Christus lärmen[2], so lehrt doch der Geist in demselben Psalm, daß diejenigen selig werden, die auf ihn trauen.[3] Nicht dieses aber allein, sondern der Herr wird sie verlachen und verhöhnen.[4] Es ist sicher nicht an uns zu entscheiden, ob aus meinem Leben oder aus meinem Sterben mehr oder weniger Gefahr er-

---

[1] Dan. 3,12–30

[2] Ps. 2,2 (in Anlehnung an die Vulgataversion)

[3] Vers 12 (Vulgata: Vers 13)

[4] Vers 4

Scis, quod veritas Dei petra scandali est, posita in ruinam et resurrectionem multorum in Israel.
Nostrę autem nunc curę id unicum est officium reliquum, ut oremus Dominum, ne Caroli imperium in meo aut ullius sanguine, pro impietate tuenda, primas operas cruentet, mallemque me (quod sępius dixi) in solis Romanistarum manibus perire, ne ille cum suis in hanc causam involveretur. Scis, quae miseria Sigismundum Imperatorem post occisum Huß consecuta sit, ut nihil deinde prosperum habuerit, sine prole obierit, et filius etiam filię postea Ladislaus perierit, et in generatione una deletum sit nomen eius, uxor vero Barbara infamia reginarum evaserit, et alia, quę te nosse credo. Si tamen ita fieri oportet, ut et ego non modo pontificibus, sed et gentibus tradar, fiat voluntas Domini, Amen.
En habes meum consilium et animum. Omnia de me praesumas pręter fugam et palinodiam: fugere ipse nolo, recantare multo minus. Ita me confortet Dominus Ihesus. Neutrum enim sine periculo pietatis et multorum salutis facere possem. ... Vale et esto robustus in Domino.

wächst für das Evangelium und das allgemeine Heil. Du weißt, daß die Wahrheit Gottes der Stein des Anstoßes ist, gesetzt zu einem Fall und zu einer Auferstehung vieler in Israel.[5]

Unserer Sorge überlassen bleibt lediglich dieser einzige Dienst, den Herrn zu bitten, daß die Herrschaft Karls ihre ersten Taten nicht mit meinem oder eines anderen Blut zum Schutze der Gottlosigkeit besudele. Ich wollte eher (wie ich oft gesagt habe) allein durch die Hände der Romanisten umkommen, auf daß jener mit den Seinen nicht in diese Sache hineinverstrickt würde. Du weißt, welches Elend Kaiser Sigismund nach der Tötung von Huß verfolgt hat, daß er danach nichts mehr erreichte, ohne Nachkommenschaft starb und auch der Sohn seiner Tochter, Ladislaus, umkam und in einer Generation sein Name erlosch. Barbara, seine Frau, aber wurde die Schande der Königinnen, und es gibt noch anderes mehr, wovon, wie ich glaube, Du unterrichtet bist. Wenn es dennoch so kommen soll, daß ich nicht nur den Priestern, sondern auch weltlichen Gewalten übergeben werde, dann geschehe der Wille Gottes. Amen.

Nun hast Du meine Ansicht und mein Urteil. Alles kannst Du von mir erwarten, aber Flucht und Widerruf nicht: Fliehen will ich nicht, viel weniger noch widerrufen. So stärke mich der Herr Jesus. Keines von beiden könnte ich nämlich ohne Gefahr für die Frömmigkeit und das Heil vieler tun. ... Lebe wohl und sei stark in dem Herrn ...

---

[5] Jes. 8,14.15 und Luk. 2,34; cf. auch Matth. 21,42.44

Brief Luthers

an Kurfürst Friedrich den Weisen, am 25. Januar 1521

Bald nach seiner Ankunft in Worms muß Friedrich mit dem Kaiser in der Lutherangelegenheit Fühlung genommen haben. Der nachstehende Brief Luthers aus Wittenberg läßt erkennen, daß der Kaiser den Vorstellungen des sächsischen Kurfürsten durchaus geneigt gewesen ist, wenn auch in gewissen Grenzen. Die Formulierungen in Luthers Schreiben zeigen weiterhin, in welchem Maße er über Verhandlungen und Korrespondenz in seiner Sache orientiert gewesen ist. Die Übereinstimmungen in der Diktion, überhaupt das ganze Argumentationsgefälle, weisen auf Vorhergehendes zurück.

Luther wiederholt im Grunde nur seine Bereitschaft, sich für das Evangelium auf jede Weise zu verantworten, wie er es Spalatin gegenüber bereits bekundet hatte. Es geht nicht um ihn und sein Geschick, sondern um die Sache Gottes; so bezeugt er es erneut. Er gibt unmißverständlich das Kriterium an, von dem allein her er sich belehren lassen würde.

(Der Abdruck erfolgt nach: WABr 2,253,8–255,64; vgl. auch RA II, 476,1–477,5)

... Gnädigster Herr, E. K. F. G.[1] gnädige Anzeigung, was Römischer Kaiserlicher und Hispanischer Königlicher Majestät, meins allergnädigsten Herrn, Bedenken und Meinung in meiner Sachen ist, hab ich allenthalben zu gar demütigem Dank und Gefallen vernommen, welcher Gnaden gegen Kaiserl. Maj. und E. K. F. G. ich mich aufs untertänigste bedanke. Und bin von Herzen erfreuet, daß Kaiserl. Maj. die Sache, die, ob Gott will, Gottes, gemeiner Christenheit und der ganzen deutschen Nation und nicht eins einigen Men-

[1] Euer Kurfürstlicher Gnaden

schen, viel weniger mein eigen ist, zu seiner Kaiserl. Maj. nehmen will.

Darumb bin ich nochmals, wie bisher allewege, meinem vielfaltigen Erbieten nach und sonderlich dem, das hievor im Druck ausgangen ist, deß Copey E. K. F. G. ich hiemit uberschicke[2], untertäniglich erbütig, alles das zu tun und lassen, das ich mit Gott und christlichen Ehren tun mag, oder zu tun und lassen mit ehrbarn und christlichen und gnugsamen Ursachen der heiligen göttlichen Schrift geweist werde.

Derhalben in aller Untertänigkeit bittend, E. K. F. G. wellen gegen Röm. Kais. Maj. mich aufs untertänigst verbitten[3], mich mit gnugsamer Versicherung und freiem sichern Geleit fur aller Gewalt, der ich mich merklich zu besorgen hab, gnädiglich zu versehen, und zu bestellen, daß die Sach frommen, gelehrten, verständigen, unverdächtigen und christlichen Männern[4], geistlichen und weltlichen, die in der Biblien wohl gegründet und Verstand und Unterscheid der gottlichen und menschlichen Gesetze und Gebote haben und wissen, zusampt mir mit Fleiß zu verhören, befohlen werd, umb Gottes willen kein Gewalt wider mich, bis ich fur unchristlich und unrecht befunden werde, fürnehmen lassen, als ein weltlich Häupt der heiligen Christenheit darob sein, daß mein Widerwärtigen, die Päpstischen, mittler Zeit ihres tobenden und unchristlichen Furnehmen wider mich, mit Verbrennung meiner Bücher und grimmigen Nachstellen nach meinem Leib, Ehr, Heil, Leben und Seligkeit, wiewohl unverhört

---

[2] Es handelt sich um ein Druckexemplar von Luthers „Erbieten“, das er im August 1520 entworfen (s. o.) und zur Korrektur an Spalatin übersandt hatte

[3] fürbittend den Kaiser anreden

[4] Vgl. die Begriffe des lateinischen Einsprengsels in den deutschen sächsischen Bericht über die Verhandlungen Friedrichs des Weisen mit Aleander und Caracciolo am 4. und 6. November 1520

und unuberwunden, abstellen[5], und, so ich dawider zu Errettunge mehr der göttlichen evangelischen Wahrheit denn meiner eigen nichtigen und unwürdigen Person etwas getan hätte[6] oder aber hinfür würde gedrungen und verursacht zu tun, mich solcher nötigen Gegenwehre gnädiglich entschuldigt und mich in gnädigen Schutz und Befehl, das göttliche Wort zu retten, zu haben, auch allergnädigster und gn(ädigster) Herr sein, wie denn zu hochgenannter Kaiserl. Maj. und E. K. F. G. ich mich dieser und aller andern christlichen Kais. und Fürstl. Tugend und Gnaden, als zu meinem allergnädigsten und gnädigsten Herrn, tröstlich versehe.

Denn ich bin in demütigem Gehorsam bereit, so ich gnugsam Versicherung und ein frei Geleit auf und abe wieder in mein Gewahrsam erlang, auf nächst künftigen Reichstag zu Wormbs fur gleichen gelahrten, frommen und unverdächtigen Richtern furzukommen und mit Hülf des Allmächtigen mich dermaßen erzeigen und verantworten, daß Männiglich in der Wahrheit erfahren soll, daß ich bisher nichts aus frevelem, unbedächtigen, ungeordeneten Willen und umb zeitlicher und weltlicher Ehr und Nutzung willen, sondern alles, das ich geschrieben und gelehret habe, meines Gewissen, Eid und Pflichten nach, als ein armer Lehrer der H. Schrift, Gott zu Lob, zu Heil und Seligkeit gemeiner Christenheit, der ganzen deutschen Nation zu gut, zu Ausrottung der fährlichen Mißbräuch und Aberglauben, und zu einer Ledigung der ganzen heiligen Christenheit aus so viel unendlichen, unzähligen, unchristlichen und verdammlichen tyrannischen Verkleinerung, Beschwerung und Gotteslästerunge furgewandt und getan habe.

---

[5] vielleicht zu verbessern in: abstehen

[6] U. a. könnte Luther hier an die Verbrennung von kanonischen Büchern durch ihn vor dem Wittenberger Elstertor am 10. 12. 1520 gedacht haben

E. K. F. G. wollen zusampt Röm. Kaiserl. Maj. ein christlichs Auge und Einsehen haben auf den hochbeschwerten Stand der ganzen Christenheit; das bin ich umb Kaiserl. Maj. und E. K. F. G. uber göttlich Mild und Gnade mit meinem armen Gebet gegen Gott zu verbitten allezeit als der arm untertänige Capellan in aller Demut schuldig und willig. ...

Avendo hoggi inteso, ch'el Corrier, el qual era per partir già tre giorni, non era ancor partito, mi ho fatto restituir il pachetto de mie lettere et aggiuntoli questa, per la qual significo a V. S. R.*ma,* come hieri primo dì di quadragesima dopoi pranzo in convento frequentissimo Cesaris, Principum Electorum omnium, excepto Saxone qui simulavit sinistram

Bericht über die Reichstagsrede

Aleanders vom 13. Februar 1521 in einem Brief des Nuntius an den Vizekanzler Kardinal Giulio de' Medici am 14. Februar 1521

Der sächsische Kanzler Brück und der Beichtvater des Kaisers, Glapion, hatten miteinander verhandelt. Als die Gespräche wenig glücklich liefen, wandte sich die kaiserliche Partei wieder mehr Aleander zu.
Die Minister Karls V. Chièvres und Gattinara erreichten von ihrem Herrn, daß er den Nuntius aufforderte, die von der Kurie in Luthers Sache für nötig befundenen Maßnahmen auf dem Reichstag in ausführlicher Rede vorzutragen.
Die Ansprache am 13. 2. war dann auch von ungewöhnlicher Länge. Sie hatte das Ziel nachzuweisen, daß Luther es auch um den Sturz der *weltlichen* Macht zu tun sei.
Aleander gibt in dem Rahmen seiner üblichen Berichterstattung nach Rom unter dem 14. 2. Informationen über Voraussetzungen, Inhalt und Wirkungen seiner Rede. Außerdem ist ein längeres Referat des Kanzlers Brück vom 13. 2. erhalten, der es auf Grund von Aufzeichnungen kurfürstlich-sächsischer Nachschreiber, auf die Aleander selbst hinweist (s. u.), zusammengestellt hatte (RA II, 495,6–507,9).
(Der Abdruck der Aleander-Depesche erfolgt nach: Brieger, Theodor: Aleander und Luther 1521. Gotha 1884, S. 61,1–63,2. – Die deutsche Übersetzung des italienisch-lateinischen Originals wird gegeben nach: Kalkoff, Paul: Die Depeschen des Nuntius Aleander. Halle 1886, S. 58–60)

Da ich heute erfuhr, daß der Kurier, der schon vorgestern abgehen sollte, noch hier sei, ließ ich mir meine Briefschaften zurückgeben und legte dieses Blatt bei, auf welchem ich Ew. Herrlichkeit berichte, wie ich gestern am Aschermittwoch nach Tische vor einer sehr zahlreichen Versammlung eine etwa dreistündige Rede gehalten habe. Zugegen waren der Kaiser, alle Kurfürsten mit Ausnahme des Sachsen, der

valetudinem et mandò suo locotenente con alcuni consilieri, et aliorum Principum tam Ecclesiasticorum, tam laicorum, et omnium statuum et ordinum Imperii ac omnium consiliorum Cesaris habui orationem per forsi tre hore et più, nella qual ancorchè io havesse havuto poco spatio a pensarci, perchè, ut scripseram, solo el dì avanti Cesar mi haveva comesso, che io proponesse, tutta volta, per haver già tante volte trattato questa maledetta materia et tam privatim quam publice parlatone, me trovai con gratia di Dio sì in ordine, che ancorchè dicesse assai in tre hore haverei certo possuto dirne ancor quatro, come da più parte se intende, apte et apposite, ad causam et feliciter, ut vergo ego ipse sentio, qui mihi in huiusmodi studiis nunquam satisfacio, mediocriter et non omnino feliciter; nè io adscrivo questo al mio ingegno o facundia, quod utrumque in me nullum vel minimum est, ma alla gratia di Dio, alli meriti della causa justissima et alle crudeli enormità di Luther, le quali sempre adduxi dalli libri suoi presenti et postea refellebam, et poi feci le demostrationi delli inconfenienti, che potranno accader, et la ignominia et infamia di questa natione, etiam recordandoli, che imperium his artibus conservatur, quibus paratum est, et che loro pensassero, che Carlo Magno et li Ottoni per favorir alla Sede Apostolica haveano acquistato l'Imperio di Germania da detta Sede et lo Elettorato, et del Concilio de Constantia et di Bohemi et molt'altre cose, che sarebbe lungo et poco necessario a repettere.

Erano presenti molti Principi grandi Lutherani et li secretarii del Duca Saxone, qui excipiebant multa, quamvis dum timeo, ne mihi tempus deesset, admodum celeri uterer oratione; et già intendo, che loro dicevano, che io toccava il loro Prencipe odiosamente, quod falsum est, sicome ancora men-

Unwohlsein vorschützte und sich durch seinen Kanzler (Brück) und einige Räte vertreten ließ, ferner die Fürsten, geistliche und weltliche, die übrigen Stände des Reiches und alle kaiserlichen Räte. Obwohl ich nur wenig Zeit zur Vorbereitung gehabt hatte, da mir der kaiserliche Befehl erst des Tages zuvor zugekommen war, so war ich doch Dank meiner unausgesetzten Beschäftigung mit dem fluchwürdigen Stoffe, über den ich öffentlich wie privatim schon so häufig gesprochen habe, so wohl unterrichtet, daß ich, obgleich ich doch in drei Stunden genug gesagt habe, noch vier Stunden lang hätte reden können. Wie ich von mehr als einer Seite höre, hielt man meine Rede für durchaus geschickt, sachgemäß und erfolgreich, ich selbst, der ich mir in derartigen Leistungen nie genugthun kann, halte sie für mittelmäßig und nur teilweise gelungen. Auch schreibe ich das Erreichte nicht meinem Witz oder meiner Beredsamkeit zu, über die ich gar nicht oder nur in geringem Maße verfüge, sondern der Gnade Gottes, der Macht der gerechten Sache und den furchtbaren Ungeheuerlichkeiten Luthers, die ich immer aus seinen mir vorliegenden Schriften anführte, um sie dann zu widerlegen. Dann wies ich auf die Unannehmlichkeiten hin, die aus dieser Lehre erwachsen könnten, und auf die der Nation drohende Schande, erinnerte daran, daß das Kaisertum nur durch dieselbe Politik behauptet werde, durch die es gewonnen sei, daß Karl dem Großen und den Ottonen nur wegen der dem römischen Stuhle bewiesenen Ergebenheit vom Papste das Kaisertum und das Kurfürstenkollegium verliehen sei, und gedachte schließlich neben vielem andern auch des Konzils von Konstanz und der Hussiten. Unter meinen Zuhörern waren viele lutherisch gesinnte Fürsten und die Schreiber des Kurfürsten von Sachsen, die, obwohl ich aus Furcht vor Zeitmangel sehr schnell sprach, doch vieles von meiner Rede auffingen und niederschrieben. Und nun verbreiten sie schon die Lüge, ich hätte über ihren Fürsten ge-

tirono a Colonia, quando parlai nel presentar del Breve al Duca predetto, praesentibus Caraciolo, Tergestino et Tridentino Episcopis per testimonio di quello io era per dir; nè mi valse usare anche allora ogni modestia, che dipoi mandandoci el Duca la risposta disse per informatione di questo medesimo ribaldo, qui heri excipiebat, che noi havevamo detto mal di loro Prencipe; ma queste bestie semper così impudenter fingunt, per haver causa di maledire et irritar el loro Principe, come sempre fin quì han fatto essendo li suoi tutti Lutheranissimi. Ben dico, che, se il Duca fosse stato presente, io con ogni modestia però, non tamen citra decorum l'haverei un pochetto morso, perchè ormai non c'è più speranza di mutarlo per buone parole, e tanto più l'harei fatto perchè Cesar et Chievres dissero als S.*or* Carazzolo primo et poi a me et così al Maguntino, che io non temesse per niente dir tutto, che mi parea far a proposito, quod et feci per Deum imperterritus, come io fosse stato a lezzer una lezzione a XX fanciulli, ancorchè io vedesse là molti Principi Lutherani, li quali mi facevano di brutti visi et per avanti spesso mi habbino fatto minacciar, ma certo non stimo un pelo morire per la fede, et per li miei Patroni.

hässige Aeußerungen gethan, wie sie mich auch in Köln verleumdeten, obwohl ich bei der Ueberreichung des Breve an ihren Herrn die Bischöfe von Triest und Trient sowie Caracciolo als Zeugen für meine Rede hinzugezogen hatte. Der Lohn für meine bisher beobachtete Zurückhaltung war, daß der Kurfürst in seiner Antwort sich auf den schriftlichen Bericht jenes Schurken hin darüber beschwerte, daß ich ihn angegriffen hätte. Aber diese Bestien müssen immer neue schamlose Lügen ersinnen, um Grund zu übler Nachrede und zur Verhetzung ihres Fürsten zu haben; so haben sie es als richtige Lutheraner, und das sind alle seine Diener, bisher immer gemacht. Allerdings würde ich, wenn der Kurfürst zugegen gewesen wäre, in aller Bescheidenheit zwar und unter Beobachtung der Form ein wenig auf ihn gestichelt haben, denn wir dürfen nicht mehr hoffen ihn durch gütliches Zureden umzustimmen; und ich würde dies um so sicherer gethan haben, als der Kaiser und Chièvres[1] zu Caracciolo und dann zu mir, und ebenso der Mainzer Erzbischof[2] meinten, ich sollte nur ganz furchtlos alles sagen, was mir zweckdienlich erschiene. So sprach ich denn mit Gottes Hilfe ohne Furcht und Scheu, wie wenn ich zwanzig Schulbuben eine Lektion zu erteilen gehabt hätte, obwohl viele lutherische Fürsten böse Gesichter dazu machten und mir vorher oft hatten drohen lassen; ich achte indessen den Tod gering, wenn ich für die Sache des Glaubens und für meine hohen Gönner sterben soll.

---

[1] Chièvres war der Erzieher des Kaisers gewesen und diente ihm jetzt als Minister, der auf seinen ehemaligen Zögling einen bisweilen beherrschenden Einfluß behielt

[2] Kurfürst Albrecht von Brandenburg war Erzbischof von Mainz und Magdeburg und Primas von Deutschland. Sein Bruder, Joachim I. von Brandenburg, hat in seinem Lande bis zu seinem Tode (1535) verhindert, daß die Reformation wirksam Fuß fassen konnte

Erster Entwurf

eines Edikts gegen Luther, vom Kaiser am 15. Februar 1521 den Reichsständen mitgeteilt

Zwei Tage nach der großen Reichstagsrede Aleanders legte Karl V. den Ständen einen Mandatsentwurf gegen Luther vor. Er steht ganz im Zeichen der kurialen Mahnungen und Forderungen. Schon um die Jahreswende waren Pläne für ein Edikt erörtert, aber noch nicht realisiert worden.

Anfang Februar war der Entwurf fertiggestellt.

Er zeigt zusammen mit Aleanders Rede, daß der Kaiser in dieser Reichstagsphase den Befürwortern der päpstlichen Politik wieder mehr zuneigte.

Der sächsische Kurfürst, der schon Aleanders Rede wegen Krankheit versäumen mußte, war auch bei Einbringung des Ediktsentwurfs nicht zugegen.

(Der Abdruck erfolgt nach RA II, 509,19–513,35)

Wir Karl von gots gnaden erwelter Romischer kaiser etc. entbieten .... Wiewol unser heiliger vater der babst einen genant Martin Luther, Augustiner ordens, aus bebstlicher gute und mildigkeit zu mermalen ermanen und ersuchen lassen, sein uncristliche, unordentlich, verdamliche lere, anzeigen, underweisen und irsall, so er ein zeit her durch sein aigenwillig predig, schriften und pucher in Latein und Deutzsch allenthalben under die christglaubigen wider die bebste, den heiligen stul zu Rom, unsern heiligen glauben und einigkeit der kirchen, auch die decret, aufsatzungen, consilia und versamblungen von gaistlichen und weltlichen oberkaiten seliglichen aufgericht und gehalden und denselben zu smahe und verletzung manchfeldig ausgepreit und di zum tail verprend hat, zu widerruffen, abzustehen und sich des ferrer nit zu gebrauchen, sunder cristenlicher lere und

ordnung nachzuvolgen, so ist er doch bisher fur und fur unangesehen solcher veterlichen ersuchung seiner verkerten art nach in seinem bossen, ketzerischen, verstopften gemut und willen beharret, also das er noch teglichs die gesatz des rechten und erbarn lebens, uns und allen cristglaubigen von unser vorfarn gegeben, in seinen predigen, schriften und puchern zu verkeren, auszutilgen und des fromen gemeinen volks gemüt in ein neue, verdamliche irsall zu furen und dasselb gegen bebstlicher Heiligkeit und gemeiner pristerschaft, die doch von got aufgesetzt ist, und zuletzt wider alle ober- und erbarkeit in aufrur, ungehorsam und plutvergiessen zu bewegen in schein gaistlichs wesens understeet. Deshalben unser heiliger vater der babst in kraft bebstlichs ambts, dieweil solchs unsern heiligen glauben so hoch berurt, di sachen zu herzen genomen und zu mermaln das collegium der cardinel, bischoff, prelaten, doctores und maistern christenlicher nacion, desgleichen regulirter orden prior und provincialn und sunderlich vil ander personen in kunst, erbarkeit und aller lere und nacion erfarne versamelt und den gedachten Martin Luther darzu berufft und erfordert und zuletzt, dieweil er alwege verachtlicher und mutwilliger weise aussenblieben und in seinem verstopften, unchristlichen, verfurlichen wesen, wi obsteet, verharret, ist aus bebstlichem gewald und treffenlichem, zeitigem rath und bewilligung derselben versamblungen all sein ausgangen unchristenliche, verderbliche schrifte verdambt und di zu verbrennen und genzlich auszutilgen erkand und denselben Luther, soferr er in einer bestimbten zeit, di im auch aus uberflussiger bebstlicher mildigkeit zugelassen ist, sein verkert gemut verendert und sein irsall widerruffet und sich zu reuhe gestelt zu haben nicht anzeigung thet, als einen son der ungehorsamen und boshaftigen, offenbaren und erkanten ketzer von meniglich geacht und gehalden und nach ordnung der recht gestrafft zu werden deklarirt und erklert, alles bei schwerer peen laut bebst-

licher bull deshalben ausgegangen[1]; und darauf uns als Romischen kaiser, obersten vogt und beschirmer der heiligen christlichen kirchen schriftlich und durch potschaften aufs hochst angelangt und ersucht hat, in kraft unsers kaiserlichen ambts seiner Heiligkeit und christenlicher kirchen unser hulf des weltlichen schwerts mitzutailen und allenthalben im heiligen reich und unsern erblichen konigreichen und landen und sunderlichen in Deutzscher nacion, di allzeit ein beschirmerin unsers heiligen glaubens und zerstorerin aller irsall gewessen und noch ist, ernstlich zu gepieten, derselben bebstlichen bull gehorsamlich zu leben und nachzuvolgen. Wan nu uns, als vogt und schirmer der heiligen cristenheit, geburt und zusteet, wir auch des aus christlichem gemut selbs geneigt sein, unsern heiligen glauben, die decret und satzungen der heiligen kirchen und unser christenlichen vorfarn, auch unsern heiligen vater babst und den stul zu Rom nach unserm hochsten vermugen leibs und guts zu beschirmen, zu retten und zu handhaben und darinnen unserer vorfarn Romischer kaiser und konig fusstapfen nachzufolgen und irn erlichen taten, auch den loblichen constitucionen und ordnungen, so zu straff und ausreutung der ketzer aufgesatzt sein, anzuhangen; und dan der gedacht Martin Luther alles das, so ime muglichen gewest ist, offentlich gepredigt, geschrieben und ausgebreitet und itzt am jungsten etliche artickel, so an vil orten in Behemen gehalden werden und di von den heilgen concilien vor ketzerisch erkannt und erklert sein, angenomen und ine darumb di bebstliche Heiligkeit fur einen offenbarn ketzer, wie obsteet, erklert und verdambt hat, und deshalben ine weiter zu horen nicht noth noch gepurlich ist, und wir uns auch in treffenlichem rath entslossen haben, der bebstlichen Heiligkait und christlichen kirchen mit

[1] Gemeint ist die Bannandrohungsbulle Exsurge Domine vom 15. Juni 1520

unsern Osterreichischen und Burgundischen landen anzuhangen: so gepieten wir euch allen und euer idem bei den pflichten, domit ir unserm heiligen glauben und dem reich verwand seit, auch entsetzung und verlierung aller euer freiheiten, lehen, gnaden, haben und gutern und darzu bei vermeidung unser und des reichs acht und aberacht von Romischer kai. macht ernstlich mit diesem briff und wollen, das ir des genanten Martin Luthers schriften oder bucher, so von bebstlicher Heiligkeit, wi vorsteet, verdambt sein, noch ichts anders, das von demselben Luther als dem, der von dem rechten christenlichen wege abgangen und von unserm heiligen glauben ganz abgeschaiden, als offenbar ketzerei ausgegangen und gemacht worden ist oder noch bescheen wurde, nicht kaufet, verkaufet, leset, horet, beschreibet, noch geschrieben oder gedruckt zu werden, noch di zu melden, auszubreiten, auszulegen, zu beschirmen, noch zu handhaben nicht gestatet, noch dasselbs auch nit thut, sunder in allen unsern und euern furstenthumen, landen, herschaften und gepieten solche vorangezeigten vergiften, unerhorten bucher und schriften, die allein zu vertilgung christlichs glaubens und zu aufrur, auch schwerem plutvergiessen und zu erstorung aller gaistlichen und weltlichen oberkait und gemeins nutz raichen, offentlich verbrennet und ganz austilget und der bebstlichen Heiligkeit potschaften oder irn verodenten commissarien auf ir ansuchen und begern zu execucion und volstreckung bebstlicher bullen getreue hulf und beistand beweiset, auch den gemelten Martin Luther, der, als uns glaublichen anlangt, wider den christlichen glauben noch merers verderblichers zu schreiben und zu offnen, auch ander verboten und ungestimme taten furzunemen in ubung ist, soferr er durch glaublichen schein und urkund nit anzeigen wirdet, das er von solcher seiner irsall und bossen handlungen abgestanden und von bebstlichem gewald absolvirt ist, gefenglichen annemet und wol bewaret und uns den zu unsern handen stellet oder

so lang im gefengnus behaldet, bis ir beschaiden werdet, was ferrer mit rechter und geburlicher mass gegen ime furgenomen und gehandelt werden soll. Wo auch desselben Luthers anhenger, nachfolger, gunner und enthalter seinen weg der bosheit mit worten, werken oder schriften gleicherweise nit verlassen und von bebstlicher Heiligkeit ir absolucion mit glaublichem schein nit furbrengen wurden, wider dieselben sembtlich und sunderlich, in was wirden, standes oder wesens di sein, auch ir leib, hab und guter sollet ir furnemen und handeln, wie sich gegen frevenliche ungehorsamen, auch irrern und verachtern unsers heiligen glaubens und offenbarn achtern und aberachtern und verwirkern der peen crimen lese maiestatis[2] zu thun gepurt, darein wir si und alle di, so diesem unserm kaiserlichen gebot ungehorsam erscheinen und mit worten, werken, schriften oder in ander wege, in was schein das beschee, dawider handlen wurden, hiemit aus kaiserlicher machtvolkomenheit declariren und erkleren, und solchs alles in unsern und euern furstentumen, landen und gepieten mit eins iden underthanen bei obgeschriben penen und straffen ernstlich und ordenlich verschaffet und bestellet; des werdet ir von got gnedige belonung und gegen allen fromen christglaubigen lon und ere empfaen. Und was also ir, auch unser und euer underthan wider den gedachten Martin Luther, auch seine anhenger, nachvolger, gonner und enthalter, ir leib, hab und guter mit worten, werken, schriften und in ander wege furnemet und handelt, domit sollet ir wider die bebstliche Heiligkeit, den stul zu Rom, noch uns, das heilig reich, noch imands andern nit gethan noch gefrevelt haben noch darumb inner- oder ausserhalb rechtens einich antwort zu geben nit schuldig sein; und hirinnen nit anders handelt noch ungehorsamlich erscheinet, daran thut ir genzlich unsern willen und meinung. Dan welcher diesem kai-

[2] Strafe für das Verbrechen der Majestätsbeleidigung

serlichen gebote ungehorsamlich erscheinen und dawider frevenlich handeln, auch dem Luther anhangen, gunst, enthalt[3] und furschub beweisen wirdet, in was schein das beschee, gegen und wider den oder dieselben soll mit vorgeschriebnen schweren peenen, straffen und pussen an[4] alle gnad und unableslich vorgenomen und gehandelt werden. Darnach wisse sich ein ider zu richten.

---

[3] Unterhalt

[4] ohne

Antwort der Reichsstände

auf den kaiserlichen Ediktsentwurf, am 19. Februar 1521

Wegen der Krankheit Friedrichs von Sachsen fanden die wesentlichen Verhandlungen über die kaiserliche Mandatsvorlage erst am 18. und 19. 2. statt. Nach Aleanders Bericht führte die Uneinigkeit im Kurfürstengremium bis zu Tätlichkeiten.

Wenn auch die Mehrheit zu Beschlüssen kam, die Aleanders Intentionen entsprachen, war doch klar, daß Luthers Sache nicht ohne erhebliche Widerstände gegen die päpstliche Politik erledigt werden würde.

Das ständische Votum meldet – dem allen Rechnung tragend – denn auch Bedenken an und nimmt die eindeutige Stellungnahme des Kaisers wenige Tage zuvor nur sehr differenziert auf.

(Der Abdruck erfolgt nach: RA II, 515,4–517,17)

Als E. Ro. kai. Mt. churfursten, fursten und andern stenden des heiligen reichs, alhie versamelt, ain copei ains mandats Martini Luters halben furgehalten haben, mit ferrer anzaigung under anderm, das E. kai. Mt. mitsambt iren erblanden der meinung in derselben copei begriffen anzuhangen entslossen, auch des willens sei, dergleichen mandat im heiligen reich ausgehen zu lassen, der zuversicht, churfursten, fursten und andere stende des heiligen reichs werden bei und neben E. kai. Mt. bleiben; ob aber gemeine stend etwas bessers wusten, das wolten E. kai. Mt. auch vernemen.

Darauf dan die stende, sich miteinander zu underreden, ainen bedacht gebeten und seidher zu mermalen daruber mit vleis geredt und disputirt haben; und konnen di stend des reichs aus solichem E. kai. Mt. gnedigem vorhalten nit anders vermerken dan gnedigen, getreuen und guten willen und vleis, den E. kai. Mt., als ain cristlicher kaiser, zu eren und wol-

fart nit allain des heiligen reichs und Teutzscher nacion, sondern auch der heiligen cristenlichen kirchen und glauben hat, in hofnung. E. kai. Mt. werde des bei dem almechtigen got belonung und von der welt lob und dank haben, und das solichs loblich, cristlich und wie E. kai. Mt. als Römischem, cristenlichem kaiser geburt, bescheen, mit unterteniger erbietung, wes sie zu solichem furdern, raten und helfen konnen und mogen, des sein sie alzeit urbutig und willig.
Wellen aber E. kai. Mt. hiemit in diser sach underteniglich warnungsweis angezaigt und erinnert haben, ferrer zu bedenken, dieweil der gemein man dieser zeit an vil enden in Teutzscher nacion aus des Lutters predig, lere und schriften ime allerlei gedenke, fantasei, furnemen und willen genomen, und also weitleuftig komen und gewachsen, das dannocht wol zu bewegen sei, was gehorsam, frucht oder nutz, wo di mandata allain mit der scherpf, des Lutters unerfordert und ungehort, in dieser Teuzschen nacion ausgingen, bringen und geberen und, als zu besorgen wer, unruhe und entborungen machen und erwecken mochten. Zum andern mocht in ainen zweifel gezogen werden, ob und wohin der Lutter erfordert, und ob er ferner gehort werden sol oder nit. In dem ist irer, der stend, bedenken, das aus oberzelten ursachen der Lutter auf genugsam glait hin und herwider bis in sein gewarsam durch etlich gelerte und der sach verstendige, so darzu verordent werden sollen, gehört, das verstehen sie, die stend, gefragt, aber mit im kainswegs disputirt werden soll, ob er der ausgangen schriften und artigkel wider unsern heiligen cristenlichen glauben, den wir und unsere voreldern bisher gehalten haben, besteen und darauf beharren wolle oder nit. Und soferr er die widerruffen wurd, das er dan in andern puncten und sachen ferner gehort und der billigkait darinnen verfugt werd; wo er aber auf allen oder etlichen artigkeln, di wider di cristlich kirchen und wider den heiligen cristenlichen glauben sein und di wir und unsere vet-

ter und voreltern bisher geglaubt und gehalten haben, zu bestehn und zu verharren antwurten wurd, so wellen alle churfursten, fursten und ander stend des heiligen reichs neben und bei Ro. kai. Mt. auf irer vetter und voreltern glauben und artigkel cristlichs glaubens an[1] ferrer disputacion bleiben und anhangen und denselben glauben helfen handhaben; und das alsdan E. kai. Mt. deshalben geburlich und notturftig bevelh, mandat und gebot allenthalben in das heilig reich ausgehn lassen sol.

Und demnach bitten die stend E. kai. Mt., als iren allergnedigsten herrn und Ro. maiser, die geruch hirinnen di gröss und wichtigkeit des handels gnediglich zu bedenken und zu erwegen und auf der stend obgemelt undertenig anzaig und warnung dermassen furzunemen und zu handeln, das (es) E. kai. Mt. der ganzen Teutzschen nacion, dem heiligen Ro. reich, unserm cristlichen glauben und allen stenden und glidern desselben zu not, nutz und gutem komen und ersprissen moge.

Doch stellen die stend des reichs solichs alles zu E. kai. Mt. weiterm bedenken und gefallen; dabeneben underteniglich bittend, E. kai. Mt. wellen gnediglich bedenken, was beschwerd und missbrauch itzt dem heiligen reich obligen und von dem stul zu Rom in vil weg begegen, und darumb gnedigs einsehen thun, damit solichs auf zimlich, leidlich, tregliche mass und weg gezogen und gestelt werd.[2]

---

[1] ohne

[2] Die abwägende, zurückhaltende Äußerung der Stände wurde von Aleander um einige erhebliche Grade papstfreundlicher dargestellt und so nach Rom gemeldet. Die unterschiedlichen Intentionen der einzelnen Kräftegruppen auf dem Reichstage haben die Objektivität der Berichterstattung sehr beeinträchtigt

Die kaiserliche Zitation und der Geleitbrief

vom 6. März 1521

Seit dem 1. 3. wurde zwischen dem Kaiser und den Ständen konkreter erörtert, unter welchen Umständen und wohin Luther berufen werden sollte. Das Durcheinander der Meinungen und Motive ist uns nur noch zum Teil offenbar. Unter Zurückweisung Aleanderscher Vorstellungen kam es so weit, daß der Kaiser den Wittenberger Professor vor den Reichstag forderte.

In dem Zitations- und Geleitbrief steht in beiden Fällen *nichts* von einem Widerruf, der ihm abverlangt werden sollte. Im Gegenteil, Inhalt und Diktion sind überaus freundlich und wohlwollend.

Das alles geschah einem Mönch, der seit zwei Monaten (Exkommunikationsbulle Decet Romanum Pontificem vom 3. 1. 1521) im Bann der Kirche war. Die päpstlichen Gesandten mußten dieses Vorgehen der obersten weltlichen Gewalt als eine unerhörte und untragbare Brüskierung der Kurie ansehen. Über den Ketzer war kirchlicherseits bereits entschieden.

(Der Abdruck erfolgt nach: WABr 2,280,1–281,32)

Die kaiserliche Zitation Luthers auf den Reichstag vom 6. März 1521

Karl von gottes gnaden Erwelter Romischer kaiser, zu allen tzeitten Merer des Reichs etc.

Ersamer, lieber, andechtiger.[1] Nachdem wir vnd des heiligen Reichs Stennde, yetz hie versamelt, fürgenomen vnd entslossen, der Leren vnd Buecher halben, so ain zeither von

[1] Es ist gut zu verstehen, daß sich Aleander nach allem, was vorangegangen war, über diese freundliche Anrede im höchsten Grade empört gezeigt hat

dir ausgeganngen sein, erkundigung von dir zuempfahen, Haben wir dir herzekumen vnd von dannen widerumb an dein sicher gewarsam vnnser vnd des Reichs Frey, gestrackh sicherhait vnd Gelait gegeben, Das wir dir hieneben[2] zusenden, Mit beger, du wellest dich furderlich erheben, Also daz du in den ainvndzwaintzigisten tagen in solhem vnnsern gelait bestimbt gewislichen hie bey vnns seyest vnd nit ausbeleibest, dich auch kains gewalts oder vnrechtens besorgen, dann wir dich bey dem obgemelten vnnserm Gelait vesstigklich hanndthaben wellen, vnns auch auf sölh dein zukunfft enntlich vorlassen, vnd du tust daran vnnser ernnstlich maynung. Geben in vnnser vnd des Reichs Statt Wormbs am Sechsten tag des Moneds Marcij Anno etc. xv vnd im ainvndzwaintzigisten vnnsers Reichs im anndern Jaren.

Carolus

Ad mandatum domin
Imperatoris propria manu
Albertus cardinalis Moguntinus
archicancellarius subscripsit.
Niclas Ziegler.

Der Geleitbrief vom gleichen Tage

Wir Karl der Funfft von gots gnaden Erwelter Romischer Kaiser, zu allen tzeitten Merer des Reichs etc., in Germanien ... (es werden die Territorien seiner Herrschaft aufgezählt), Bekennen, als wir aus beweglichen Vrsachen Martin Luter Augustiner Ordens her gen Wormbs erfordert, das wir Jm deshalben vnnser vnd des heiligen Reichs Frey gestrackh Sicherhait vnd Gelait wider menigklich gegeben vnd zugesagt haben. Vnd tun das von kaiserlicher macht wissentlich in krafft diss briefs, Also das Er in Einvndzwaintzig tagen, den nechsten nach vberantwurttung diss vnnsers briefs, her

[2] Siehe nachstehenden Geleitbrief

gen Wormbs kumen vnd daselbs vnnser vnd des Reichs Stennde hanndlung auswartten vnd darnach von dannen bis wider an sein sicher gewarsam ziehen sol vnd mag, von vnns vnd allermenigklichen vnbelaidigt vnd vnuerhindert. Vnd gepieten darauf allen Churfursten, Fursten, geistlichen vnd weltlichen, Prelaten, Grauen[3], Freyen Herrn, Rittern, knechten, Haubtleuten, Vitztumben[4], Vogten, Phlegern, Vorwesern, Ambtleuten, Schultheissen, Burgermaistern, Richtern, Reten, Burgern, gemainden vnd sonst allen andern vnnsern vnd des Reichs Vnnderthanen vnd getrewen, in was wirden, stats oder wesens die sein, ernnstlich mit disem brief vnd wellen, daz Sy solh vnnser vnd des Reichs sicherhait vnd Gelait an dem gedachten Martin Luter stett vnd vest hallten, Jne auch in seinem hin vnd wider ziehen gelaitten vnd gelaittet zu werden verschaffen vnd Jne dawider nit belaidigen noch bekumern noch des yemands annderm zetun gestatten, in kein weise, als lieb ainem yeden sey Vnnser vnd des Reichs swer Vngnad vnd straff zuuermeiden. Das mainen wir ernnstlich, Mit Vrkhundt diss briefs. Geben in vnnser vnd des Reichs Statt Wormbs, am Sechsten tag des Moneds Marcij Nach Christi geburdt Funftzehenhundert vnd im Ainvndzwaintzigisten, Vnnserer Reiche, des Römischen im Anndern vnd der annder aller im Sechsten Jaren.

Carolus

Ad mandatum domini
Imperatoris propria manu
Albertus cardinalis Moguntinus
archicancellarius subscripsit.

---

[3] Grafen

[4] Statthalter

Friedrichs des Weisen Geleitschreiben

an Luther vom 11. März 1521

Der Kaiser machte einen erneuten Versuch, sich in der Luthersache nicht zu offensichtlich zu engagieren. Seinen direkten Zitations- und Geleitbrief (s. o.) würden die Nuntien am Hofe und die Kurie in Rom aus den bereits angegebenen Gründen mit Befremden quittieren müssen.
So veranlaßte Karl V. den Landesherrn Luthers, Friedrich den Weisen, das Einladungs- und Geleitschreiben abzufassen. Die Konsultation mit seinen Räten führte den Kurfürsten dazu, das kaiserliche Ersuchen abzulehnen.
Nun schrieb der Kaiser selbst. Er war sogar bereit, Luther mit dem Reichsherold Kaspar Sturm feierlich einholen zu lassen.
Friedrich sah sich lediglich, nachdem die Initiative des Kaisers vorangegangen war, in der Lage, Luther einen freundlich abgefaßten Geleitbrief zu senden.
(Der Abdruck erfolgt nach: WABr 2,286,1–12)

Gott walt's. Von Gotts Gnaden. Unsern Gruß zuvor, Ehrwirdiger, Geistlicher und Hochgelarter, Lieber, Andächtiger. Wir geben Euch genädiger Meinung zu erkennen, daß Römische Kai. Mt. an uns begehrt hat, uf ihr Mt. erfordern Euch auch mit einem Gelait zu vorsehen. Als schicken wir Euch hiemit ein schriftlich Geleit an unsers Brudern[1] und unser Amptleut, Städte und ander unser Untertane, die Euch und diejenen, so mit und bei Euch sein werden, an Enden, do unser Bruder und wir zu geleiten haben, mit genugsam Geleit und Versicherung vorsehen sollen. So schickt Kai. Mt. Euch daneben auch ein Geleit und schreibt Euch, wie Jhr ver-

---

[1] Herzog Johann der Beständige von Sachsen

nehmen werdt. Das wollen wir Euch genädiger Meinung nit verhalten, dann Euch zu Gnaden sind wir geneigt. Datum aus dem kaiserlichen Reichstage zu Wormbs am XI. Tag Martii Anno domini XV*c*XXI.

Kaiserliches Ablieferungsmandat und Handelsverbot

für Lutherschriften vom 10. März 1521

In unmittelbarer zeitlicher Nähe der Aufforderung an Luther, auf den Reichstag zu kommen, begegnet das strikte Verbot des Kaisers, Luthers Gedanken auf irgendeine Weise weiterzuverbreiten. Der Kaiser wendet sich an alle Reichsstände. Im deutlichen Gegensatz zu den an Luther adressierten Schreiben ist hier vom Widerruf die Rede und wird auch eine gewisse Parallelisierung zum Hussitismus vor 100 Jahren gezogen und auch zur Handlungsweise des Konstanzer Konzils.
Man wird angesichts dieser Beobachtungen nicht nur von einzelnen Phasen der kaiserlichen Politik im Vorlauf, Verlauf und Nachlauf des Reichstages reden müssen, sondern ebenso von Sach- und Diktionsdifferenzen gleichzeitiger kaiserlicher Verlautbarungen, je abgestimmt auf die Richtung, in die hinein der Kaiser sprach.
Luther, der ohnehin eine hohe Meinung von der kaiserlichen Macht hatte, konnte aus dem Brief an ihn ein gewisses Quantum Wohlwollen mit Recht herauslesen. Auf der Reise ist ihm allerdings dann auch der Text des nachstehenden Mandats mit seinem sehr anderen Tenor bekannt geworden.
(Der Abdruck erfolgt nach: RA II, 531,11–533,6)

(Die eingangs aufgezählten Adressaten sind etwa dieselben wie die in dem Geleitbrief für Luther) ... Wir, auch eur jeder tragen gut wissen, was wort, schriften und bücher durch Martin Luther Augustiner ordens und in seinem namen ein zeit her gepredigt und in Latein und Teutsch geschriben, gedruckt und ausgebraitet, die unserm heiligen glauben cristenlicher ler, satzung und gebrauch, in vil weg ganz widerwertig und verletzlich, die auch den merern teil im heiligen concili zu Costenz mit rat und bewilligung ains Römischen kaisers, auch aller fürsten und comunen und sonderlich Teutscher

nacion verdilget, verworfen und verdampt worden sein.[1] Deshalben jetzt unser heiliger vater babst aus bebstlichem gewalt all solhe wort, schriften und bücher zum höchsten verdampt und verbotten hat, laut seiner Heiligkeit bullen darüber ausgegangen.

Dieweil nu wir und gemeine versamlung des heiligen reichs stende unsers gegenwertigen reichstags uns itzt hier vereinigt und entschlossen, keinerlei neuigkeit und irrsal in unserm hailigen glauben cristenlicher leere, satzung und gebrauch einfüern ze lassen, sondern demselben, wie unser vätter und voreltern vil hundert jar her geglaubt und gehalten und noch glauben und halten, anzuhangen und dabei zu beleiben; und uns als vogt, beschirmer und handhaber der hailigen kirchen cristenlichen glaubens und des bebstlichen stules sonderlich darein zu sehn gebürt, haben wir den gedachten Martin Luther hieher zu kommen erfordert, im auch ain frei, strack[2], sicher gelait für meniglich hin und wider gegeben und zugesandt in mainung ine zu fragen und zu hören, ob er derselben wort, schriften und bücher gestendig sein und die widerruffen oder darauf beharren wölle oder nit, und alsdann ferrer zu handeln, was sich zu handhabung unsers heiligen glaubens, cristenlicher leer, satzung und gebrauchs, auch des bäbstlichen stuls zu thun gebürt.

Damit dann merer irrsal, auch manicherlai unrats, so auch disem handel zu besorgen sein, verhüt werden, so gebieten

---

[1] Reformkonzil von Konstanz 1414–1418.
Im 2. Mandatsentwurf des Kaisers vom 2. März 1521, den wir nicht abgedruckt haben, der aber vieles von dem hier Verlautbarten enthält, wird ausdrücklich auf die hussitische Ketzerei verwiesen, die vom Konzil als solche erklärt worden sei. Luthers Stellungnahme zum Konstanzer Konzil und überhaupt zum Konzilsverständnis seiner Kirche wird hart zurückgewiesen im 2. kaiserlichen Entwurf. Die Verbindung von Namen und Sache Luthers mit dem Hussitismus ist nicht von ungefähr

[2] Eine Textvariante bietet hier: stark

wir euch allen und euer jedem in sonderheit bei den pflichten, domit ir uns und dem heiligen reich verwandt seit, von Römischer kaiserlicher macht ernstlich mit dissem brief und wöllen, das ir alle bücher und schriften, so bisher von Martin Luther und in seinem namen obgemelter massen in Latein und Teutsch ausgegangen, geschriben und getruckt worden, dieweil die alle in bäbstlicher bullen verdampt und verbotten und wider unsern bisher geglaubten und gehalten cristenlichen glauben, leer, satzung und gebrauch sein, unverhindert des, ob in etlichen derselben schriften und bücher gut leren und unterweisungen eingefürt weren, so doch die mit vil bösen substanzen und irrungen vermischet sein, so vil ir der habet, nemlich ir die von der oberkeit bei euern selbs handen behaltet und ir andern in allen schlossen, stedten, dörfern und flecken solch schriften und bücher euer jedes oberkeit von stund zu angesicht des briefs raichet und überantwurtet und ir von der oberkeit die alle zu unsern handen verwaret bis auf unsern weitern bescheid. Ir söllet auch die jetzt berürten wort, schriften, bücher, noch ainig dergleichen neuigkeiten und irsall, weder aus Martin Luthers noch ander haissen oder bevelh, noch in irem namen nit mer schreiben, drucken, kaufen noch verkaufen, noch die beschirmen, noch der mainung und opinion derselben nit sein, noch die halten oder den anhangen, noch das alles jemands anderm gestatten in kein weise, sondern darin genzlichen stilsteen und hierin nit anders handeln noch ungehorsamlich erscheinen, als lieb euer jedem sei unsers und des reichs schwere ungnad und straff und darzu die penen, so die recht in sölchen fellen aufgesetzt haben, zu vermeiden: das ist genzlich unser will und ernstliche mainung. Geben in unser und des reichs stat Wurmbs, den zehenden tage des monats marcii nach Christi geburt fünfzehenhundert und im ainundzwenzigisten, unsere(r) reiche des Romischen im anderen und der andern aller im sechsten jaren.

Ad mandatum domini imperatoris proprium.

Luthers Brief an Spalatin

kurz vor der Ankunft in Worms, aus Frankfurt (M.)
am 14. April 1521

Luther stand im Laufe des März mit seinem Freunde Spalatin in Worms in Verbindung. Vermutlich durch ihn war in Wittenberg etwas über das Vorhandensein des oben abgedruckten Sequestrationsmandats schon am 19. des Monats verlautet, allerdings in nicht näher faßbarem Umfang. Luther hat sich dadurch nicht beirren lassen, doch auf den Reichstag zu gehen.

In Begleitung des Reichsherolds Kaspar Sturm begab sich der Reformator am 2. 4. auf den Weg. Er predigte in Erfurt und wurde auch sonst auf verschiedenen Stationen seiner Reiseroute außerordentlich beachtet.

Unterdessen fertigte der sächsische Kanzler Brück ein Votum darüber an, ob es ratsam sei, trotz des inzwischen (am 26. 3.) publizierten Mandats, aber auch angesichts des immerhin zugesicherten Geleits, Luther auf den Reichstag kommen zu lassen (RA II, 534,7–537,16). Um diese Frage gab es im kursächsischen Lager auch sonst erhebliche Bemühungen.

Der kaiserliche Beichtvater Jean Glapion konnte erreichen, daß Luthers Freunde den Reformator bewegen wollten, während der unsicheren Situation sich zunächst auf der Ebernburg aufzuhalten. Der spätere oberdeutsche Reformator Martin Bucer wollte Luther in Oppenheim veranlassen, auf die schützende Burg zu kommen.

Luther lehnte jedoch ab. Er wollte nach Worms ziehen. Von Frankfurt aus schreibt er Spalatin über seine Beweggründe.

Aus diesen Tagen kurz vor den Reichstagsverhandlungen stammt Luthers Erinnerung zufolge sein vielzitiertes Scriptum und Dictum: Wenn so viel Teuffel zu Worms werren als ziegel auff den dechern, wolte ich doch hinein! Denn ich furchte mich nicht fur irem schrecken (WATi 5,65,5 ff., Tischrede aus dem Jahre 1540; vgl. dazu auch WABr 2,298, Anm. 4). Der nachstehende Brief resultiert jedenfalls aus der beschriebenen Haltung.

(Der Abdruck erfolgt nach: WABr 2,298,5–14)

. . . . Venimus, Mi Spalatine, Etsi non vno morbo me Satan impedire molitus sit. tota enim hac via ab Isennaco vsque huc langui & adhuc langueo incognitis mihi antehac modis. Sed & mandatum Caroli esse in terrorem mei euulgatum intelligo. Verum Christus viuit, & intrabimus Vormaciam inuitis omnibus portis inferi & potestatibus aeris. Mitto exemplaria literarum Cęsaris. Alias literas non est visum scribere, nisi primum praesens videro, quid agendum sit, Ne forte inflemus Satanam, quem potius terrere & contemnere propositum est. Dispone ergo hospicium! Vale. Francofordie 1521.

Mart. Luther.

... Wir kommen, mein lieber Spalatin, wenn auch der Teufel mit nicht nur einer Krankheit bemüht sein sollte, mich zu hindern.[1] Denn auf dem ganzen Wege von Eisenach bis hierher war ich matt und bin es noch immer auf mir bislang unbekannte Weise. Aber ich sehe wohl ein, daß auch das (Sequestrations-) Mandat Karls veröffentlicht worden ist, um mich zurückzuschrecken. Aber Christus lebt, und wir werden in Worms einziehen allen Pforten der Hölle und den Mächten in der Luft zum Trotz.[2] Ich schicke Exemplare der Briefe des Kaisers mit.[3] Andere Briefe möchte ich nicht schreiben, bevor ich nicht dort bin und sehe, was getan werden muß, damit wir den Satan nicht stark aufblähen, den zu schrecken und zu verachten eher (unser) Ziel ist. Sorge also für eine Herberge! Lebe wohl. Frankfurt 1521.

Mart. Luther

---

[1] In der Tat war Luther auf der Reise ernstlich erkrankt und mußte in Eisenach ärztlich behandelt werden

[2] Matth. 16,18b und Eph. 2,2bc

[3] Es handelt sich um den Zitationsbrief und um das Geleitschreiben vom 6. 3., s. oben

Già haveva serrata l'altra lettera, quando in quest' hora per varii messi et per tumulto del mondo che correa mi fù detto, che 'l grande heresiarca faceva le sue entrate. Mandai un de mei, el qual me referisce, che fino alla porta della terra fù accompagnato da forsi cento cavalli, credo siino di quelli di Sichinghen; poi entrò in la terra in un carro con tre altri, accompagnato da forsi otto cavalli et arrivò a loggiar e regione del suo Duca Saxone, et nel descender un prete lo pigliò in ulnis, et poi toccolli tre volte le veste et andavasi gloriando, come se havesse tocca una reliquia del più gran santo del mundo, ad tal che mi dubito, che brevi diranno che fa miracoli. Esso Luther in descensu currus versis huc et illuc demoniacis oculis disse: 'Deus erit pro me'; poi entrò in una stufa, et molti signori a visitarlo, et pransò con forsi dieci ovvero dodici, et dopoi pranzo tutto il mundo a vederlo.

Aleander an Medici

über den Einzug Luthers in Worms am 16. April 1521

Am Morgen des 16. 4. trifft Luther in Worms ein. Der unverdächtigste Zeuge für diese Begebenheit, Aleander, dem keine Übertreibung des Aufsehens, das Luthers Ankunft erregte, zugetraut werden dürfte, berichtet noch am gleichen Tage dem Vizekanzler des Papstes. Sein Kommentar läßt einen Blick auf die verschiedenen Kräfte des Reichstages zu und bestätigt den schon anderwärts konstatierten Gegensatz – oder zumindest die Spannungen – zwischen päpstlicher und kaiserlicher Partei. (Der Abdruck erfolgt nach: Brieger: a. a. O., S. 143,1–144,8; die Übersetzung stammt von Kalkoff: a. a. O., S. 133–134)

Schon hatte ich meinen letzten Brief geschlossen, als ich soeben aus verschiedenen Meldungen sowie aus dem hastigen Rennen des Volkes entnahm, daß der große Ketzermeister seinen Einzug hielt. Ich schickte einen meiner Leute aus, der mir hinterbrachte, daß ihm gegen hundert Reisige, vermutlich die Sickingens, bis an das Stadtthor das Geleit gaben; mit drei Genossen in einem Wagen sitzend, zog er in die Stadt ein, umgeben von etwa acht Berittenen und nahm seine Herberge in der Nähe seines sächsischen Fürsten (in einem Hause der Johanniterritter); beim Verlassen des Wagens schloß ihn ein Priester in seine Arme, rührte dreimal sein Gewand an und berühmte sich im Weggehen, als hätte er eine Reliquie des größten Heilgen in Händen gehabt: ich vermute, es wird bald von ihm heißen, er thue Wunder. Dieser Luther, als er vom Wagen stieg, blickte mit seinen dämonischen Augen im Kreise umher und sagte: „Gott wird mit mir sein“. Dann trat er in eine Stube, wo ihn viele Herren aufsuchten, mit deren zehn oder zwölf er auch speiste, und nach der Mahlzeit lief alle Welt hin, ihn zu sehen.

Che dirà mò el S.*mo*, imo el mundo dell'autorità, del officio de Cesar, delle orationi, delle promesse, che ci ha fatto, che Dio perdoni a chi lo guberna di tal sorte, imo lo subvertono et destruggeno; che se V. S. R.*ma* vedesse le cose come vanno, restarebbe atonitta, nonchè maravigliosa; nè se maraviglii del mal exito della cosa nostra, perchè non se potrebbono tenir per questoro peggiori meggi, quantum interim dicant se miranda facere, adeo ut, nisi omnia malo dolo faciant, facile persuadear et credam istos esse non solum timidos, verum etiam stupidos. Già el Duca Saxone triumphat, regnat, imperat et fa come lui vole contra Dio et contra rason et tanto più, dopoi che lo Elettor Brandemburgh ha dichiarato a Cesar, di voler far parentado del primogenito suo cum Madama Renée, sorella della regina Christianissima, per il che quì se tiene ancor più conto del Saxone che prima. Sapino (ut ego dixi privatim Domino de Chievres jam multos dies), che se trovarebbono gabbati da questo Duca et Principi di Alemagna, et sicut dixi, factum actenus est, et si trovaranno ogni dì peggio, sì per esser tal el modo di Dieta di Alemagna, sì perchè questoro hanno tenuto più conto delli huomini che de Dio, et però Dominus in celis irridebit eos; . . .

Was wird nun Se. Heiligkeit, ja was wird die Welt von dem Ansehen und der Pflichttreue, von den Befehlen und Versprechungen des Kaisers sagen? Gott verzeihe denen, die ihn so schlecht beraten oder vielmehr verderben und verführen. Nicht erstaunt, nein, bestürzt würden Ew. Herrlichkeit sein über diese Vorgänge; es ist auch an dem schlechten Ausgang unserer Sache nichts Verwunderliches, denn während sie Wunderwerke versprechen, ergreifen die kaiserlichen Räte gerade die ärgsten Maßregeln, so daß, wenn sie nicht in böser Absicht handeln, man sie nicht nur für feige, sondern geradezu für blödsinnig halten muß. Schon triumphiert der Kurfürst von Sachsen, gebärdet sich wie ein Kaiser und König, handelt, wie ihn gelüstet, gegen Gott und Vernunft und thut es um so mehr, seit der Kurfürst von Brandenburg dem Kaiser seine Absicht angezeigt hat, seinen Erstgeborenen mit Madame Renée, der Schwester der Königin Claude von Frankreich zu vermählen; deshalb nimmt man nun auf den Sachsen noch mehr Rücksicht als zuvor. Sie sollten doch wissen, was ich Herrn von Chièvres schon längst gesagt habe, daß sie sich eines schönen Tages von diesem Kurfürsten und den andern Fürsten Deutschlands betrogen sehen werden; und so ist es gekommen und es wird täglich schlimmer, einmal weil es überhaupt auf deutschen Reichstagen so zu gehen pflegt und dann, weil sie mehr mit den Menschen als mit Gott gerechnet haben: drum wird der Herr des Himmels sie zum Gespötte werden lassen.

Entwurfsfragment

von Luthers Reichstagsrede am 18. April 1521

Ende März hatte Luther die kaiserliche Zitation erreicht. Etwa einen halben Monat lang war er gereist. Am 17. April stand er zum ersten Mal vor dem Reichstag. Er hatte, wenn auch zögernd, vom Kaiser einen Tag Bedenkzeit erhalten. Die Verlesung einer schriftlichen Stellungnahme war ihm untersagt worden. Luther hat sich jedoch auf seinen mündlichen Vortrag schriftlich vorbereitet. Ein Fragment der Ausarbeitung, die wahrscheinlich am Vormittag des 18. April entstanden ist, hat sich erhalten.
(Der Abdruck erfolgt nach: Martin Luther. Ausgewählte deutsche Schriften. Hrsg. von Hans Volz, Tübingen 1955, S. 65–66. Volz bietet gegenüber WA 7,815 eine nach dem Original verbesserte Textgestalt.)

Auß Ro Kay*r* Maiestat beger vnnd erfoddernn bynn ich gisternn erschynenn vnnd itzt noch erscheyn In gottes frid vnnd seyner Kay May*t* Christlich frey gleydt vntertheniglich vnnd gehorßamlich anzcuhoren vnnd aufftzunehmen das ßo myr lautts Kay*s* madats vnnd ynnhallts furtzuhallten were
Nach dem aber myr auff meyn ankunfft gisternn zcwey stuck seyn fur gehallten, Nemlich ob ich die bucher vnter meynem namen außgangenn, wie denn erzcelet worden ist, bekenne vnnd alß die meynen bekandt furt ahn hallten odder reuociernn wollt, Hab ich auffs erst meyn richtig stracks anttwortt geben vnnd alle die selben bucher bekennt vnnd noch bekenne alß die meynenn, darauff auch endlich bleybe
Auff das ander stuck wilchs betrifft das hohist gutt ynn hymel vnnd erden, das heylig gottes wortt vnnd den glawben,

[1] Im Manuskript gestrichener Zusatz: vnnd auß Ro Kay may*t* gutte erlangt

hab ich vntertheniglich gepetten[1] eyn bedacht vnnd auffschub, auff das ich, die weyl ich műdlich dargeben sollt meyn anttwortt, nit ettwan auß vnuorsicht anlieffe, zcuuiel odder zcu wenig mit meynß gewissenß vorsehrung[2] handellte, hab solches auß Ro Kay may*t*[3] erlanget
Vnnd wie wol vnter der rede mit eyngeflossen ist, alß ...

---

[2] Verwundung, Verletzung

[3] Im Sinne des in Anm. 1 wiedergegebenen Zusatzes wäre hier das Wort: gutte hinzuzufügen

Post Dominicam Misericordia domini feria tertia Doctor Martinus Lutherus, professione Augustinianus, Vuormaciam invectus est Anno Domini post Millesimum Quingentesimum vigesimoprimo, vocatus a Carolo Imperatore, eius appellationis V., Rege Hispaniarum, Archiduce Austriae &c. qui primo Imperii sui anno prima Comitia in hac urbe Regia celebravit. Cum autem ante triennium paradoxa quaedam disputanda proposuisset Vuittenbergae, urbe Saxonum, D. Martinus adversus tyrannidem Romani Espiscopi, quae lacerata sunt interim et exusta a multis, a nullo tamen aut scripturis aut rationibus convicta, coepit res ad tumultum spectare, vulgo

Ankunft Luthers in Worms (16. April), seine Verhöre und seine Verantwortung

vor dem Reichstag (17. und 18. April)

Über die Ereignisse am 16., 17. und 18. April liegt ein lateinischer Bericht vor, der aus der Feder eines reformatorisch Gesinnten stammt. Er ist chronologisch und sachlich dreigeteilt:
1. Ankunft Luthers (16. 4.),
2. erster Verhörtag vor dem Reichstag,
3. zweiter Verhörtag mit Luthers vielbeachteter „Dictio".
Wer der Autor ist, konnte bisher nicht überzeugend festgestellt werden, aber ganz sicher hat dieser Augen- und Ohrenzeuge Aufzeichnungen Luthers und anderer benutzt. Daß er ganz nahe an den Ereignissen ist mit seiner Berichterstattung, kann schwerlich bezweifelt werden, so daß ein zutreffendes Bild entstanden ist.
Es nimmt nicht wunder, daß die vorliegenden „Acta" an mehreren Orten, besonders auch in Wittenberg, noch im selben Jahre und später gedruckt bzw. nachgedruckt wurden.
(Der Abdruck erfolgt nach: WA 7,825,7–838,9 und 839,29–840,4)

Dienstags nach dem Sonntag Misericordias domini (16. 4.) im Jahre des Herrn 1521 fuhr der Augustiner Martin Luther in Worms ein. Er war von Kaiser Karl V., König von Spanien, Erzherzog von Österreich usw. gerufen worden, der im ersten Jahr seiner Herrschaft in dieser Reichsstadt seinen ersten Reichstag abhielt. Drei Jahre zuvor hatte D. Martinus nämlich gewisse scheinbar widersinnige Sätze, über die disputiert werden sollte, in der sächsischen Stadt Wittenberg gegen die Tyrannei des römischen Bischofs vorgelegt. Diese sind inzwischen von vielen verunglimpft und verbrannt, von keinem jedoch durch Schriftbeweise oder Vernunftgründe überwunden worden. Die Sache begann, sich zu einem Tumult auszuweiten, indem das Volk die Sache des Evange-

caussam Euangelii adversus clericos tuente. Et ob id bonum videbatur, instigantibus Romanis Legatis, ut accerseretur faetiali Caesareo et literis salvi conductus in hoc a Caesare et Principibus datis. Accersitur. Venit ac divertit in curiam Rhodiensium, ubi hospitio collectus est et a multis Comitibus, Baronibus, Equitibus auratis, Nobilibus, sacrificis et profanis in imam usque noctem salutatus ac requisitus.

Altero die post adventum, feria quarta, vir nobilis et Magister equitum Imperii genuinus Ulrichus de Pappenheym a Caesare missus ante prandii tempus venit, indicans Doctori Martino Caroli mandatum, ut hora pomerediana quarta apud Caesarcam maiestatem, Principes Electores, Duces et reliquos Imperii ordines constituatur auditurus, ad quid venerit. Quod D. Martinus, ut debuit, benigne accaepit.

Ac statim post horam quartam auditam eius diei venit d. Ulrichus de Pappenheym et Casparus Sturm faetialis per Germanias Caesareus, quo caduceatore Vuittenberga fuit excitus ac Vuormaciam usque deductus D. Martinus. Invitaverunt eum ac comitabantur per hortum curiae Rhodiensium in diversorium Palatini comitis hi duo. Et ne quid turba pateretur, quae in iusto ad Caesaream domum itinere magna

liums gegen die Kleriker verteidigte. Und deshalb schien es gut, auf Initiativen der römischen Legaten hin[1], daß er (Luther) durch einen kaiserlichen Herold und versehen mit dazu vom Kaiser und von den Fürsten ausgefertigten Geleitschutzbriefen herbeizitiert wurde. Er wird gerufen, und er kommt und nimmt Quartier im Hof der Johanniter[2], wo er gastfreundlich aufgenommen und bis in die tiefe Nacht hinein von vielen Grafen, Baronen, prächtig ausgestatteten Rittern, Adligen, Geistlichen und Laien begrüßt und befragt wurde.

Am Mittwoch, dem nächsten Tage nach der Ankunft, kam vor der Frühstückszeit der edle Reichserbmarschall Ulrich von Pappenheim, vom Kaiser gesandt, und übergab D. Martinus den Befehl Karls, er solle sich nachmittags in der 4. Stunde bei der kaiserlichen Majestät, den Kurfürsten, Herzögen und den übrigen Reichsständen einfinden. Er würde dann hören, warum er kommen solle. D. Martinus nahm, wie es sich geziemt, diese Aufforderung freundlich an.

Und sofort nachdem die Glocke die 4. Stunde dieses Tages geschlagen hatte, kamen Herr Ulrich von Pappenheim und Kaspar Sturm, der kaiserliche Herold für Deutschland, unter dessen Geleit D. Martinus die Reise von Wittenberg nach Worms gemacht hatte. Diese Zwei luden ihn ein und begleiteten ihn durch den Garten des Hofes der Johanniter in die Herberge des Pfalzgrafen. Und um der Menge nicht ausgesetzt zu sein, die auf dem geraden Wege zum kaiserlichen Domizil zahlreich versammelt war, gelangte er über

---

[1] Die anderen Quellen machen sehr viel eher wahrscheinlich, daß die päpstlichen Legaten getan haben, was nur möglich war, um Luthers Kommen auf den Reichstag zu *hintertreiben*

[2] Die Insel Rhodos wurde mit den Johannitern in Verbindung gebracht, weil diese seit Beginn des 14. Jahrhunderts auf ihrer Flucht aus Palästina dort Aufnahme fanden und die Insel später als Bollwerk gegen den Islam festungsmäßig ausbauten

fuit, per gradus quosdam, quasi furtim, in Auditorium devenit. Non tamen latuit multos, qui ab ingressu vix vi prohibebantur. Plaerique casulas conscenderunt studio visendi. Cum autem staret in prospectu Caesareae maiestatis, Principum Electorum et Ducum, breviter, omnium Imperii ordinum, qui tum Caesari adfuere, D. Martinus commonebatur ab Ulricho de Pappenheym, ne quid loqueretur non quaesitum.

Ita tum Caesareae maiestatis orator Ioannes ab Eck, Officialis generalis episcopi Treverensis, latine primum, deinde germanice eandem sententiam in hunc protulit modum: Caesarea maiestas huc te, Martine Luthere, accivit his duabus de caussis: Principio, ut libros hactenus tuo nomine vulgatos agnoscas hic coram, si tui sint, Deinde, iam agnitos an omnes pro tuis haberi an quicquam ex eis revocare velis?

Ad haec D. Hieronymus Schurff, Suicerus sanctae Gallae, qui a Martino stetit, exclamavit: Intitulentur libri. Hic Officialis Treverensis ex libris Doctoris Martini eos, qui Basileae simul sunt excusi, nominatim recitavit, Inter quos etiam numerabantur Commentarii in Psalterium, libellus De bonis operibus, Commentarium in orationem Dominicam, Praeter hos alii libelli christiani, non contentiosi.

Post haec et ad haec D. Martinus ista reddidit germanice ac latine: A Caesarea maiestate duo mihi proponuntur: Primum, an libros omnes meum nomen habentes pro meis haberi

gewisse Stufen, gleichermaßen verstohlen, in das Auditorium. Das wurde aber doch vielen bekannt, die nun nur mit Mühe von dem Eindringen abgehalten werden konnten. Viele stiegen auf kleine Häuser mit dem Bemühen, (ihn, Luther) zu sehen.

Als er aber vor der kaiserlichen Majestät, den Kurfürsten und Herzögen, kurz gesagt, vor allen Reichsständen, die damals den Kaiser[3] umgaben, stand, wurde D. Martinus von Ulrich von Pappenheim ermahnt, lediglich dann zu reden, wenn er gefragt würde. Sodann brachte der Sprecher der kaiserlichen Majestät, Johannes von Eck, Official des Trierer (Erz-) Bischofs, zuerst lateinisch, dann deutsch das Folgende vor: Die kaiserliche Majestät hat dich, Martin Luther, aus zwei Gründen nach hier gerufen, nämlich um zu erkunden, 1. ob du hier öffentlich die bisher unter deinem Namen verbreiteten Bücher anerkennst und ob du bejahendenfalls 2. das schon Anerkannte als deine Meinung aufrechterhalten oder etwas davon widerrufen wollest.

Daraufhin rief D. Hieronymus Schurff, ein Schweizer aus St. Gallen, der zu Martinus stand: ‚Man lese die Titel.‘ Nun rezitierte der Trierer Official die Titel der Bücher des D. Martinus, soweit sie in Basel gedruckt worden sind. Unter diesen wurden auch aufgezählt die Psalterkommentierungen, die Schrift von den guten Werken, der Kommentar zum Herrengebet und außerdem andere christliche nicht den Streit suchende Bücher.

Danach und auf dieses hin entgegnete D. Martinus in deutscher und lateinischer Sprache das Folgende: Von der kaiserlichen Majestät ist mir zweierlei vorgelegt worden: 1. ob ich alle Bücher, die meinen Namen tragen, auch als die mei-

---

[3] Der Kaiser soll, als er Luthers ansichtig wurde, dem Bericht Aleanders zufolge, gesagt haben: ‚Dieser Mensch wird mich nie zum Ketzer machen.‘

velim, Secundum, an stare an vero quicquam reclamare ex iis, quae hactenus evulgavi, in animum induxerim. Ad quae respondebo, ut potero, breviter et recte. Primum, libros iam nominatos non possum non amplecti pro meis, et eorum quidem nihil unquam diffitebor. Caeterum quod sequitur, ut vel asseverem pariter omnia vel revocem quod citra scripturae testimonium dictum putatur, quia de fide est quaestio et animarum salute, et quia divinum verbum concernit, quo nihil maius est tam in coelo quam in terra, quod nos merito revereri convenit omnes, temerarium ac iuxta periculosum fuerit, me quicquam incogitatum proferre, Cum et minus quam pro re et maius quam pro vero, non praemeditatus, asserere possum, Quorum utrunque me in sententiam deducet, quam Christus tulit, cum ait ‚Qui me negaverit coram hominibus, negabo eum coram patre meo qui in coelis est'. Peto hac de caussa, et quidem suppliciter, a Caesarea maiestate vestra spacium deliberandi, ut citra divini verbi iniuriam et animae meae periculum interrogationi satisfaciam.
Ex eo Principum coepit deliberatio, quam ita reddidit Officialis Treverensis: Etiamsi tu, Martine, ex mandato Caesareo satis intelligere potueris, ad quid accersitus sis, eaque de caussa iam indignus, cui longior cogitandi mora detur, tamen ex ingenita clementia Caesarea maiestas diem unum indulget meditationi tuae, ut cras ad horam eandem coram compa-

nen anerkennen wolle und 2. ob ich der Überzeugung bin, dabei zu bleiben oder aber etwas von dem zu widerrufen, was ich bisher veröffentlicht habe. Darauf werde ich nach Vermögen antworten, kurz und deutlich. Zunächst muß ich die bereits genannten Bücher als die meinen zugeben, und ich werde auch gewiß niemals eins davon ableugnen. Was dann folgt, daß ich entweder alles gleicherweise behaupten oder zurücknehmen solle, was unvereinbar mit dem Wortlaut des Schriftzeugnisses erscheint, (so meine ich): Weil es hier geht um die Frage nach dem Glauben und dem Heil der Seelen und um das göttliche Wort – etwas Größeres gibt es im Himmel und auf Erden nicht –, das zu ehren uns allen mit Recht zukommt, wäre es nur zufällig und gefährlich, wenn ich irgend etwas unbedacht vortrüge. Zudem könnte ich weniger als für die Sache (gut) und mehr als für die Wahrheit (dienlich) ist behaupten, wenn ich nicht vorbereitet bin. Jedes von beiden würde mich an dem Wort schuldig machen, welches Christus anführt, indem er sagt: ‚Wer mich verleugnet vor den Menschen, den werde ich auch verleugnen vor meinem Vater, der im Himmel ist.'[4] Aus diesem Grunde bitte ich, und zwar demutsvoll, Eure kaiserliche Majestät um eine Bedenkzeit, damit ich ohne Verletzung des göttlichen Wortes und ohne Gefahr für meine Seele der Anfrage gerecht werden möge.

Über diesen Gegenstand begann eine Beratung der Fürsten, deren Ergebnis der Trierer Official folgendermaßen wiedergab: Wenn du, Martinus, auch aus dem kaiserlichen Befehl genügend ersehen konntest, wozu du gerufen worden bist, und deshalb schon keine längere Bedenkzeit verdienst, gesteht dir doch die kaiserliche Majestät aus angeborener Güte einen Tag für dein Bedenken zu, so daß du morgen zur gleichen Zeit wieder zur Stelle bist, allerdings mit der Bedin-

---

[4] Matth. 10,32

reas, ea conditione, ne scriptam sententiam tuam proponas sed verbis exequaris.
Post haec D. Martinus per faetialem redditus est hospitio suo. In qua re non fuit praetereundum, quod inter eundum ad audiendum Caesaris mandatum et cum iam esset in ipso Principum consessu, Lutherus ab aliis alia voce commonebatur, ut esset forti animo, ut viriliter ageret, ne timeret eos qui corpus tantum possint occidere, animam non possent, sed potius revereretur eum, qui posset et animam et corpus in gehennam detrudere, Item ‚Cum steteritis ante Reges, nolite cogitare quid loquamini, dabitur enim vobis in illa hora.' Quidam ex circunstantibus clamavit 'Beatus venter, qui te portavit'. Sic iste consumptus est dies.
Sequenti feria quinta post quartam pomeridianam venit faetialis et assumptum D. Martinum in curiam Caesaris perduxit, ubi propter Principum occupationes ad sextam usque mansit, expectans in magna hominum frequentia seipsam conterente prae turba. Cumque consessus factus esset et Martinus astaret, prorupit Officialis in haec verba: Caesarea maiestas hanc horam tibi dixit, Martine Luthere, Quandoquidem libros quos heri recensuimus tuos esse palam recepisti, Caeterum ad quaestionem, an quicquam eorum irritum haberi

gung, daß du deine Erklärung nicht schriftlich vorlegst, sondern mündlich ausführst.

Danach wurde D. Martinus durch den Herold in seine Herberge zurückgeleitet. In dieser Sache sollte (eine Bemerkung darüber) nicht unterlassen werden, daß Luther, als er zum Verhör des Kaisers ging und noch als er schon in der Fürstenversammlung war, durch Verschiedene in anderem Ton ermahnt wurde, er solle tapferen Sinnes sein, damit er mannhaft stritte und die nicht fürchte, die nur den Leib, aber nicht die Seele töten könnten. Er solle vielmehr den fürchten, der Seele und Leib in die Hölle hinabstoßen könnte.[5] Ebenso (wurde ihm vorgehalten): Wenn ihr vor Königen steht, sinnt nicht darüber nach, was ihr sprechen sollt; denn es wird euch in jener Stunde geschenkt werden.[6] Irgendeiner der Umstehenden rief aus: Selig der Leib, der dich getragen hat.[7] So ist dieser Tag verlaufen.[8]

Am nächsten Tage, einem Donnerstag (18. 4.), nach vier Uhr nachmittags, holte der Herold D. Martinus ab und führte ihn in den Hof des Kaisers, wo er wegen der (anderweitigen) Inanspruchnahme der Fürsten bis um 6 Uhr blieb. Luther wartete in einer großen sich drängenden Menschenmenge. Als die Versammlung (zur Verhandlung der Sache Luthers) begonnen hatte und Martinus vorgetreten war, brachte der Official die folgenden Worte vor: Die kaiserliche Majestät hat dir, Martinus Luther, diese Stunde bestimmt, weil du nun einmal die Bücher, die wir gestern genannt haben, als die deinigen öffentlich anerkannt hast und außerdem auf die

---

5 Matth. 10,28

6 Matth. 10,18–20; Luk. 12,11 f.

7 Luk. 11,27

8 An dieser Stelle müßte jetzt in der Chronologie der Ereignisse der Brief an Cuspinianus sachlich eingefügt werden, um Luthers Haltung zu markieren (s. den Briefabdruck untenstehend). Offenbar ist bereits das erste Verhör Luthers vielen Beteiligten sehr eindrücklich gewesen

velles, an omnia probares quae profiteris, deliberationem petisti, quae nunc finem habet, Etiamsi iure impetrare non debueras longius cogitandi spacium, qui tanto tempore scivisti, ad quid vocareris, Et fidei negotium tam certum omnibus esse conveniebat, ut quisque quocunque tempore postulatus rationem eius certam et constantem reddere possit, nedum tu tantus et tam exercitatus Theologiae professor. Age tandem, responde Caesareae postulationi, cuius benignitatem in impetrando cogitandi spacio sensisti: Vis ne libros tuos agnitos omnes tueri? An vero quicquam retractare? Haec latine et germanice dixit Officialis, latine tamen virulentius quam germanice.

Respondit D. Martinus et ipse latine et germanice, quanquam suppliciter, tacite ac modeste, non tamen sine Christiana animositate et constantia et ita quod cupierunt adversarii orationem et animum abiectiorem. Sed multo cupidissime expectarunt revocationem, cuius spem ex petito deliberandi spacio nonnullam conceperunt.

DICTIO D. MARTINI LVTHERI
coram Caesare Carole et Principibus
Vuormaciae feria quinta post Misericordia Domini.
IHESVS.

Serenissime D. Imperator, Illustrissimi Principes, clementissimi domini, ad praefixum mihi hesterno vesperi terminum obediens compareo per misericordiam dei obsecrans, Serenissima maiestas vestra dominacionesque vestrae Illustris-

Frage hin, ob du etwas darin als irrig ansehen oder alles, was du bekannt hast, (weiterhin) behaupten wolltest, Bedenkzeit erbeten hast. Diese ist nun beendet. Von Rechts wegen hättest du gar keine weitere Bedenkzeit bekommen dürfen, weil du genügende Zeit schon wußtest, wozu du berufen wurdest. Auch käme es jedem zu, in der Sache des Glaubens derart sicher zu sein, daß er, wann auch immer gefordert, in der Lage wäre, seine sichere und beständige Meinung kundzutun, um so eher auch du als ein hervorragender und so erfahrener Theologieprofessor. Wohlan also, antworte der Forderung des Kaisers, dessen Güte du an der Gewährung der Bedenkzeit schon ermessen konntest: Willst du etwa deine anerkannten Bücher alle verteidigen? Oder aber: Willst du etwas zurücknehmen? Dieses sagte der Official auf lateinisch und deutsch, lateinisch jedoch heftiger als in deutscher Sprache.

D. Martinus antwortete auch selbst lateinisch und deutsch, obgleich demütig, zurückhaltend und bescheiden, so doch nicht ohne christliche Leidenschaft und Bestimmtheit, und zwar derart, daß die Gegner in Sprache und Gesinnung eine größere Niedergeschlagenheit gewünscht hätten. Aber außerordentlich begierig erwarteten sie einen Widerruf, auf den sie wegen der erbetenen Bedenkzeit in gewisser Weise hofften.

Rede D. Martin Luthers
vor dem Kaiser Karl und den Fürsten
zu Worms am Donnerstag nach dem Sonntag
Misericordias Domini.
Jesus

Allergnädigster Kaiser, hochberühmte Fürsten, gnädigste Herren! Gehorsam bin ich zu dem Termin, der mir gestern abend bestimmt worden ist, erschienen. Um der Barmherzigkeit Gottes willen bitte ich, daß Eure allergnädigste kaiser-

simae dignentur caussam hanc (ut spero) iustitiae et veritatis clementer audire, atque si per imperitiam meam vel dignos titulos cuiquam non dedero vel quocunque modo in mores gestusque aulicos peccavero, benigniter ignoscere ut homini non in aulis sed in angulis monachorum versato, qui nihil aliud de me testari possum quam ea simplicitate, animi hactenus me docuisse et scripsisse, ut tantum gloriam dei et sinceram fidelium Christi institutionem spectarem.
Serenissime Imperator, Illustrissimi Principes, ad duos illos articulos heri per S. Maiestatem vestram mihi propositos, scilicet an libellos recensitos et nomine meo evulgatos agnoscerem meos et in his defendendis perseverare aut revocare velim, dedi paratum et planum meum responsum super articulo priore, in quo adhuc persisto persistamque in eternum: esse videlicet eos libros meos meoque nomine a me evulgatos, Nisi forte interim acciderit, ut emulorum vel astutia vel sapientia importuna quicquam in illis mutatum aut depravate exceptum sit. Nam aliud plane non agnosco, nisi quod meum solius est et a me solo scriptum citra omnem cuiusvis industriae interpretationem.
Ad alterum vero reponsurus rogo, S. Maiestas vestra et dominationes vestrae dignentur animum advertere, libros meos non esse omnes eiusdem generis.
Sunt enim aliqui, in quibus pietatem fidei et morum adeo simpliciter et euangelice tractavi, ut ipsimet adversarii co-

liche Majestät und Eure hochwürdigsten Herrschaften diese Sache für würdig halten und als eine, wie ich hoffe, Sache der Gerechtigkeit und Wahrheit gnädig anhören. Und wenn ich durch meine Unerfahrenheit irgend jemandem die ihm gebührenden Titel nicht geben oder auf irgendeine Weise gegen höfische Sitten und Gebräuche verstoßen sollte, so sehen Sie mir dieses gütig nach als einem Menschen, der nicht an Höfen, sondern in Mönchswinkeln versiert ist. Ich kann nämlich über mich nichts anderes bezeugen, als daß ich bisher in der Einfalt des Sinnes gelehrt und geschrieben habe, um ausgerichtet zu sein allein auf den Ruhm Gottes und die rechte Unterweisung derer, die an Christus glauben.

Allergnädigster Kaiser, hochberühmte Fürsten, was jene zwei Artikel angeht, die mir gestern durch Eure heilige Majestät vorgelegt worden sind, nämlich ob ich die aufgezählten und unter meinem Namen ausgegangenen Bücher als die meinen anerkenne und ob ich auf deren Verteidigung beharren oder widerrufen wolle, so habe ich bezüglich des ersten Punktes meine bereitwillige und klare Antwort bereits gegeben, zu der ich bis jetzt stehe und zu der ich auch in Ewigkeit stehen will: Meine Bücher sind unter meinem Namen und von mir verbreitet worden, wenn nicht inzwischen etwa geschehen ist, daß durch die List und unangebrachte Weisheit der Feinde irgend etwas in ihnen verändert oder sinnentstellend ausgezogen worden ist. Denn etwas anderes kann ich selbst nicht anerkennen, als was mir allein gehört und von mir selbst geschrieben wurde, abgesehen von aller wie auch immer beschaffenen (fremden) Auslegungsarbeit.

Wenn ich nun aber auf den zweiten Punkt antworte, so bitte ich, daß Eure Heilige Majestät und Eure Herrschaften es für wert erachten, dessen eingedenk zu sein, daß meine Bücher nicht alle von derselben Art sind.

Es gibt da einige, in denen ich über Glauben und Sitten derart einfach und evangelisch gehandelt habe, daß sogar die

gantur eos confiteri utiles, innoxius et plane dignos lectione Christiana. Sed et Bulla, quamquam seva et crudelis, aliquot meos libros innoxios facit, licet et hos damnet, iuditio prorsus monstrifico. Si itaque hos revocare inciperem, obsecro, quid facerem, nisi quod unus ex omnibus mortalibus eam veritatem damnarem, quam amici et inimici pariter confitentur, Solus omnium confessioni concordi reluctatus?

Alterum genus est, quod in Papatum resque Papistarum invehitur tanquam in eos, qui suis et doctrinis et exemplis pessimis orbem Christianum utroque malo et spiritos vastaverint et corporis. Nam id neque negare neque dissimulare quisquam potest, cum experiencia omnium et universorum querimonia testes sint, per leges Papae et doctrinas hominum conscientias fidelium miserrime esse illaqueatas, vexatas et excarnificatas, tum res et substantias, praesertim in hac inclita Germaniae natione, incredibili tyrannide devoratas devorarique ad huc sine fine indignisque modis, et suis met decretis ipsi cavent (ut distin. 9. et 25. q. 1. et 2.), ut Papae leges et doctrinae euangelio aut patrum sententiis contrariae pro erroneis et reprobis habeantur. Si igitur et hos revocavero, nihil aliud praestitero quam ut tyrannidi robur adiecero et tantae impietati iam non fenestras sed valvas aperuero grassaturae lacius et liberius quam hactenus unquam ausa fuerit, et fiet

Gegner gezwungen waren zuzugeben, daß sie nützlich, unschädlich und offensichtlich wert sind der Lektüre eines Christen. Aber auch die Bulle, die sonst wohl Wütendes und Grausames enthält, bezeichnet einige meiner Bücher als unschädlich, wenn sie sie auch verdammt in einem wirklich ungeheuerlichen Urteil. Deshalb bitte ich, was würde ich tun, wenn ich es unternähme, diese Bücher zu widerrufen, und zwar als einziger unter allen Sterblichen diese Wahrheit verdammte, die Freunde und Feinde in gleicher Weise bekennen, mich also allein dem einmütigen Bekenntnis aller widersetzte?

Eine zweite Art (von Büchern) richtet sich gegen das Papsttum und die Sache der Papisten, das heißt gegen solche, die mit ihren sehr schädlichen Lehren und Beispielen die Christenheit als durch ein doppeltes Übel geistlich und körperlich zerstören. Denn keiner kann es leugnen und verhehlen, weil die Erfahrung aller und die Klagen der ganzen Welt es bestätigen, daß durch die Papstgesetze und Menschenlehren die Gewissen der Gläubigen auf elendeste Weise verstrickt, gequält und gemartert worden sind. Dann wurden auch Besitztümer und Vermögenswerte, vornehmlich in dieser berühmten deutschen Nation, durch unglaubliche Tyrannei verpraßt. Und das geschieht bis jetzt weiter ohne Ende auf unwürdigste Weise. Und selbst in ihren Dekreten[9] verwahren sie sich davor, daß Papstgesetze und -lehren dem Evangelium oder den Lehrmeinungen der Väter widersprechen; diese würden als irrig und verworfen angesehen werden. Wenn ich also auch diese (Bücher) widerrufen würde, würde ich nichts anderes erreichen, als daß ich der Tyrannei neue Kraft zuführte und so großer Gottlosigkeit nicht nur Fenster, sondern auch Türen öffnete, daß sie weiter und freier um sich

[9] Wie in distin. 9 und 25. q. 1. und 2., Corpus juris eccles. ed. Friedberg I 16 ff. und 1007 ff.

meae huius revocationis testimonio licenciosissimae et impunitissimae nequiciae illorum regnum misero vulgo longe intollerabilissimum et tamen roboratum ac stabilitum, praesertim si iactatum fuerit, id a me factum auctoritate S. Maiestatis vestrae serenissimae totiusque Romani imperii, Quantum ego, (deus bone) tum fuero operculum nequiciae et tyrannidis!

Tertium genus eorum est, quos in aliquot privatos et singulares (ut vocant) personas scripsi, eos scilicet, qui et tyrannidem Romanam tueri et pietatem a me doctam labefactare moliti sunt. In hos confiteor me fuisse acerbiorem quam pro religione aut professione: Neque enim me sanctum aliquem facio, neque de vita mea, sed de doctrina Christi disputo. Nec hos revocare integrum est mihi, quod ea revocatione iterum futurum sit, ut tyrannis et impietas meo patrocinio regnent et seviant in populum dei violentius quam unquam regnaverint.

Tamen quia homo sum et non deus, alio patrocinio meis libellis adesse non possum quam ipse dominus meus Jesus Christus affuit suae doctrinae, qui cum coram Anna de sua doctrina fuisset interrogatus et alapam a ministro accepisset, dixit: ‚Si male locutus sum, testimonium perhibe de malo'. Si dominus ipse, qui sciebat sese errare non posse, non tamen detrectat testimonium adversus suam doctrinam

griffe, als sie bisher jemals gewagt hätte. Und es geschähe durch das Zeugnis dieses meines Widerrufs, daß das Reich ihrer zucht- und zügellosen Leichtfertigkeit dem elenden Volk auf das unerträglichste und doch unumstößlich aufgerichtet würde, besonders wenn es bekannt werden würde, daß es von mir bewirkt wäre unter der Autorität Eurer heiligen allergnädigsten Majestät und des ganzen Römischen Reiches. Gütiger Gott, wie sehr wäre ich dann ein Werkzeug der Leichtfertigkeit und der Tyrannei!

Die dritte Art meiner Bücher habe ich gegen einige private und (wie man sagt) besondere Personen geschrieben. Das sind solche, die auch die römische Tyrannei zu verteidigen sowie die von mir gelehrte Frömmigkeit zu erschüttern trachteten. Ich bekenne, gegen diese schärfer als mit der Religion oder mit meinem Beruf vertretbar gewesen zu sein: Doch will ich mich nicht zu einem Heiligen machen; ich streite auch nicht über mein Leben, sondern über die Lehre Christi. Und so habe ich nicht freie Hand, diese Schriften zu widerrufen, weil auch durch diesen Widerruf es wiederum so sein würde, daß Tyrannei und Gottlosigkeit unter meinem Schutz gegen das Volk Gottes regierten und wüteten, und zwar heftiger als sie je geherrscht haben.

Weil ich jedoch ein Mensch bin und nicht Gott, so kann ich meinen Büchern keinen anderen Schutz geben als mein Herr Jesus Christus selbst seiner Lehre gab, der vor Hannas über seine Lehre befragt und von einem Diener geohrfeigt[10] sagte: Wenn ich übel geredet habe, so beweise, daß es böse sei. Wenn der Herr selbst, der wußte, daß er sich nicht irren konnte, es doch nicht verweigerte, ein Zeugnis gegen seine Lehre zu hören, und sei es auch von dem geringsten Knecht, wieviel mehr muß ich Abschaum[11], der ich durchaus irrtums-

---

[10] Joh. 18,19–23

[11] Der Begriff hängt mit dem Weinbau zusammen: Weinhefe, Weinsteinsalz, Bodensatz könnte man auch übersetzen

audire, etiam a vilissimo servo, quanto magis ego fex, non nisi errare potens, debeo expetere et exspectare, si quis testimonium reddere velit adversus meam doctrinam! Itaque rogo per misericordiam dei, S. Maiestas vestra, Illustrissimae dominationes, aut quicunque tandem, vel summus vel infimus, possit, reddat testimonium, convincat errores, superet scripturis propheticis et Euangelicis: paratissimus enim ero, si edoctus fuero, quemcunque errorem revocare, eroque primus qui libellos meos in ignem proiiciam.

Ex his arbitror liquidum fieri, me satis curasse et ponderasse discrimina et pericula seu studia et dissensiones meae doctrinae occasione in orbe excitata, de quibus heri graviter et fortiter admonitus fui. mihi plane omnium iucundissima facies ista in rebus est videre, ob verbum dei studia et dissensiones fieri. Is enim est verbi dei cursus, casus et eventus, sicut dicit: ‚Non veni pacem mittere, sed gladium: veni enim separare hominem adversus patrem suum &c.' Proinde cogitandum nobis est, quam deus noster sit mirabilis et terribilis in consiliis suis, ne forte id quod pro sedandis studiis tentatur, si a damnato verbo dei exordiamur, vergat potius in intollerabilium malorum diluvium, et curandum sit, ne adolescentis huius optimi Principis Caroli (in quo post deum multa spes est) infelix, inauspicatum fiat imperium. Possem locupletibus exemplis scripturae de Pharaone, rege Babilonis et regibus Israel rem declarare, qui tum sese maxime perdide-

fähig bin, bitten und warten, ob nicht jemand Zeugnis geben will gegen meine Lehre! Deshalb bitte ich durch Gottes Gnade Eure heilige Majestät, hochberühmte Herrschaften oder sonst jedermann, er sei in höchster oder niedrigster Position, der es vermag, Zeugnis zu geben, mich der Irrtümer zu überführen und zu überwinden mit prophetischen und evangelischen Schriften: Ich werde nämlich ganz und gar bereit sein, wenn ich belehrt werde, jeden Irrtum zu widerrufen, und ich werde dann der erste sein, der meine Bücher ins Feuer wirft.

Aus diesem, so meine ich, geht deutlich hervor, daß ich die Auseinandersetzungen und Gefahren oder wissenschaftliche Streitigkeiten, die aus Anlaß meiner Lehre in der Welt entstanden sind und derentwegen ich gestern schwer und heftig gemahnt worden bin, ausreichend berücksichtigt und erwogen habe. Mir ist es sogar in den Dingen die angenehmste Erscheinung von allen zu sehen, daß wegen des Wortes Gottes Eifer und Streit entstehen. Dieses ist nämlich der Lauf, die Ereignung und Wirkung des Gotteswortes, wie Christus sagt: Ich bin nicht gekommen, Frieden zu bringen, sondern das Schwert: Denn ich bin gekommen, einen Menschen gegen seinen Vater zu erregen usw.[12] Darum sollen wir dessen eingedenk sein, daß unser Gott wunderbar und furchtbar in seinem Rat ist, damit wir nicht gerade danach streben, Streitigkeiten zur Ruhe zu bringen, wenn wir das unter Verdammung des Wortes Gottes anfangen. Dadurch könnte sich eher eine Flut unerträglicher Übel (über uns) ergießen, und es wäre zu befürchten, daß die Regentschaft dieses jungen, herrlichen Fürsten Karl, auf dem nächst Gott viel Hoffnung steht, einen unglücklichen Anfang nimmt. Ich könnte aus zahlreichen Beispielen der Schrift über Pharao, den König von Babylon und die Könige Israels die Sache verdeutlichen, die

[12] Matth. 10,34 f.

runt, cum sapientissimis consiliis sua regna pacificare et stabilire studuerunt. Ipse est enim qui comprehendit astutos in astutia sua et subvertit montes, antequam cognoscant. Itaque timore dei opus est. Non hec dico, quod opus sit mea vel doctrina vel monitione tantis verticibus, sed quod obsequium meae Germaniae debitum subtrahere non debuerim. Et his me S. Maiestati vestrae dominacionibusque vestris commendo humiliter rogans, ne paciantur studiis adversariorum me sine causa sibi reddi invisum.

Dixi.

His dictis Orator Imperii increpabundo similis dixit, me non ad rem respondisse, nec debere in questionem vocari, que olim in Conciliis essent damnata et diffinita: ideo a me peti simplex, non cornutum responsum, an velim revocare vel non.

Hic ego.

Quando ergo S. Maiestas vestra dominationesque vestrae simplex responsum petunt, dabo illud neque cornutum neque dentatum in hunc modum: Nisi convictus fuero testimoniis

dann der Selbstvernichtung am nächsten standen, wenn sie sich bemühten, mit überklugen Ratschlägen ihre Herrschaften zu befrieden und zu stabilisieren. Denn Gott selbst ist es, der die Listigen in ihrer eigenen List fängt, und er versetzt Berge, bevor sie es merken.[13] Deshalb ist Gottesfurcht nötig. Nicht sage ich dies, weil meine Lehre oder Meinung so bedeutenden Geistern nötig wäre, sondern weil ich schuldigen Dienst meinem Vaterland Deutschland nicht vorenthalten will. Und so empfehle ich mich Eurer heiligen Majestät und Euren Herrschaften mit der demütigen Bitte, es nicht zu dulden, daß ich wegen des (falschen) Eiferns meiner Feinde ohne Grund in Ungnade komme.

Ich habe gesprochen.

Nachdem dieses gesagt worden war, erklärte der Sprecher des Reichstags in ziemlich tadelndem Ton, daß ich[14] nicht zur Sache geantwortet hätte. Auch gezieme es sich nicht, das zu erörtern, was einst auf Konzilien schon verdammt und abgeschlossen definiert worden sei: Deshalb werde von mir gefordert, einfach, ohne Umschweife[15] zu antworten, ob ich widerrufen wolle oder nicht.

Darauf ich (Luther).

Da also Eure heilige Majestät und Eure Herrschaften eine einfache Antwort fordern, werde ich diese geben ohne Hörner und Zähne, auf folgende Weise: Wenn ich nicht durch Zeugnisse der Heiligen Schrift oder klare Vernunftgründe

---

[13] Hiob 5,13; 9,5

[14] Die Tatsache, daß hier in der 1. Pers. singul. fortgefahren wird, erhärtet die Annahme, daß dieser lateinische Bericht aus mehreren Quellen zusammengesetzt ist. Es könnte durchaus sein, daß die folgende Passage auf ein Zeugnis von Luther selbst zurückzuführen ist

[15] Luther sollte ‚ungehörnt' antworten. Diese lateinische Version ist in dem auch heute im Deutschen noch gebräuchlichen ‚ohne Hörner und Zähne reden' erhalten. Siehe Luthers Antwort ‚ohne Hörner und Zähne' im folgenden Satz

scripturarum aut ratione evidente (nam neque Papae neque conciliis solis credo, cum constet eos et errasse sepius et sibiipsis contradixisse), victus sum scripturis a me adductis et capta conscientia in verbis dei, revocare neque possum nec volo quicquam, cum contra conscientiam agere neque tutum neque integrum sit.
Ich kan nicht anderst, hie stehe ich, Gott helff mir, Amen.

... Ad quae nihil est responsum ab Officiali nisi paucissimis, quod ostendi non possit, Concilium errasse. Martinus vero se posse ac velle promisit. Cum iam autem tenebrae totum Auditorium habebant, propterea suam quisque domum abivere. Descendentem a Caesarea maiestate et tribunali Hispanorum bona pars ronchis et plena subsannatione hominem dei Lutherum longo rugitu prosequuti sunt.

überwunden werde (denn weder dem Papst noch den Konzilien allein glaube ich, weil es feststeht, daß sie des öfteren geirrt und sich selbst widersprochen haben), so bin ich überwunden durch die Schrift, die von mir angeführt worden ist. Mein Gewissen ist im Wort Gottes gefangen. Und ich kann und will auch nichts widerrufen, da gegen das Gewissen zu handeln weder sicher noch einwandfrei ist.
Ich kan nicht anderst, hie stehe ich, Got helff mir, Amen.[16]
... Auf dieses antwortete der Official nur sehr wenig, nämlich es könne nicht gezeigt werden, daß die Konzilien geirrt haben. Martinus dagegen versicherte, das doch zu können und zu wollen. Weil es aber schon im ganzen Saal dunkel geworden war, ging jeder nach Haus. Als Luther von der kaiserlichen Majestät und dem Verhör sich fortbegab, folgte dem Gottesmann ein großer Teil der Spanier mit Spottlauten und voller Hohn und mit lang anhaltendem Lärm.[17]

[16] Diese erweiterte Form ist nur in Wittenberg in Zusammenhang mit der Drucklegung bezeugt. Sie stammt vermutlich nicht von einem Augenzeugen. Es ist wahrscheinlich, daß die Mehrzahl der Zeugnisse mit einer Kurzformel recht hat, obwohl auch diese nicht einheitlich überliefert ist. Vielleicht kommt der in RA II 555 gegebene Text der Wirklichkeit am nächsten: ... integrum sit. Gott helf mir. Amen (Cf. in RA II, 555 die diesbezügliche Anmerkung). Der Originaltitel der Lutherbiographie Roland H. Baintons trägt dem bedeutenden Ereignis von Luthers Wormsrede Rechnung: Here I stand. A life of Martin Luther, in deutsch: Martin Luther, Göttingen 1962[4]. Übrigens entscheidet sich Bainton in seinem Zitat für die Kurzfassung, a. a. O., S. 156, räumt aber ein, daß eventuell die älteste gedruckte Form, die wir oben wiedergaben, authentisch sein könnte. Franz Lau zweifelt in seinem Lutherband die längere Formel an: Luther. Berlin 1966[2] (Sammlung Göschen, Bd. 1187), S. 77

[17] Luther soll, während er den Saal verließ, die Arme nach oben gereckt haben, wie es deutscher Turnierbrauch als Zeichen des Sieges war. Da ein spanischer Bericht dieses verlauten läßt, scheint die Authentizität der Mitteilung gesichert

... Frater carnis tuę, Cuspiniane celeberrime, facile mihi persuasit, vt e medio isto tumultu ad te auderem scribere, cum antea ob nominis tui celebritatem optarim tibi familiariter notus esse. suscipe ergo & me in tuorum album, vt vera esse comprobem, quę frater tuus mihi de te tam pleno ore cantauit. Hac hora coram Cęsare & senatu Romano constiti, interrogatus, an libros meos reuocare velim. Vbi respondi, libros quidem esse meos, cęterum, quid de reuocatione sentiam, cras dicturum, petita & data mihi non amplius spacii & temporis ad deliberandum parte. Verum ego ne apicem quidem reuocabo inęternum, Christo quidem propitio. Vale, mi Cuspiniane Chariss(ime).
Vormacię feria 4 post quasimodogeniti[1] 1521.

---

[1] Irrtum Luthers: Es muß heißen: Misericordias domini

Äußerung Luthers nach der ersten Verhandlung

vor Kaiser und Reich am 17. April 1521
in einem Brief an Cuspinianus

Luther schreibt unter dem unmittelbaren Eindruck des ersten Verhörs an den berühmten Humanisten und Wiener Universitätslehrer Johannes Cuspinianus. Person und Stellung des Adressaten sind ein Zeichen dafür, welche Kreise Luther bereits zu diesem Zeitpunkt erreicht hatte.
(Der Abdruck erfolgt nach WABr 2,300,4–14)

... Dein leiblicher Bruder[1], hochberühmter Cuspinianus, hat mich leicht überredet, es zu wagen, mitten aus diesem Getümmel an Dich zu schreiben, zumal ich schon früher wegen der Berühmtheit Deines Namens gewünscht hätte, Dir freundschaftlich verbunden sein. Nimm also auch mich in den Kreis Deiner Freunde auf, damit ich als zutreffend bestätigt finde, was Dein Bruder mir über Dich mit so vollem Munde berichtet hat.
In dieser Stunde stand ich vor dem Kaiser und der römischen Ratsversammlung und wurde gefragt, ob ich meine Bücher widerrufen wolle. Ich antwortete, die Bücher seien allerdings die meinen; im übrigen würde ich morgen sagen, was ich über den Widerruf dächte. Auf meine Bitte hin wurde mir kein größerer Zeitraum zum Bedenken gestattet.
Aber ich werde mit dem gnädigen Beistand Christi in Ewigkeit keinen Buchstaben widerrufen. Lebe wohl, mein sehr teurer Cuspinianus.
Worms, am 17. April 1521

---

[1] In Anlehnung an Gal. 4,23

Vous savez que je suis descendu des empereurs très-crestiens de la noble nation Germanique, des roys catholiques d'Espaigne, des archeducz d'Austrie, des ducz de Borgoingne, lesquelz tous ont estéz jusques à la mort filz fidèles de l'église Romaine, ayant tousiours esté deffenseurs de la foy catholique, des sacrées cérimonies, décrets, ordonnances et sainctes costumes à l'onneur de dieu, augmentacion de la foy et salut des âmes, après le trespas desquelz par droit naturel et éritaige nous ont layséz lesdites sainctes observations catholiques, pour y vivre et mourir à leur exemple, èsquelles comme vray inmitateurs d'iceulx noz prédécesseurs avons par la grace de dieu jusques à ycy vescu. A ceste cause je suis délibéré d'entretenir tout ce que mesdits prédécesseurs et moy

Kaiserliche Stellungnahme

vor den Reichsständen nach den Verhören Luthers, am 19. April 1521

Karl V. hat in einer eigenhändig abgefaßten Erklärung, die vor dem Reichstag in ihrem französischen Wortlaut verlesen wurde, seine Stellung gegen Luther dokumentiert. Diese hat er bis zu seinem Tode nicht revidiert.

Gleichzeitig wird man das Bekenntnis des Kaisers als eine generelle Aussage seines Glaubens und seiner kirchenpolitischen Überzeugung zu werten haben. So klar hat der Herrscher sein eigenes christliches Bekenntnis kaum je wieder ausgesprochen.

Damit sollte der lästige Tagesordnungspunkt, die Sache Luthers, in der Erörterung beendet sein. Die Stände erbaten sich jedoch weiteren Verhandlungsspielraum und erhielten ihn auch.

(Der Abdruck erfolgt nach RA II, 595,7–596,2)

Ihr wißt, daß ich von den allerchristlichsten Kaisern der edlen deutschen Nation abstamme, von den katholischen Königen Spaniens, von den Erzherzögen Österreichs, von den Herzögen Burgunds, die alle bis zum Tode treue Söhne der römischen Kirche waren. Sie waren immer Verteidiger des katholischen Glaubens, der heiligen Gottesdienste (Zeremonien), der Dekrete, Weisungen und heiligen Sitten zu Gottes Ehre, zur Mehrung des Glaubens und zum Heil der Seelen. Nach ihrem Ableben sind uns durch natürliches Recht und Erbe die genannten heiligen katholischen Pflichten überkommen, um dafür nach ihrem Beispiel zu leben und zu sterben. Als wahre Nachahmer dieser unserer Vorfahren haben wir durch die Gnade Gottes bis jetzt gelebt. Deshalb bin ich entschlossen, alles das zu erhalten, was meine Vorfahren und ich selbst bis in die Gegenwart hinein erhalten haben, und zwar besonders das, was durch meine Vorfahren ange-

avons entretenu jusques au présent et par especial ce que a esté ordonné par lesdits mes prédécesseurs, tant au consille de Constence que autres; car yl est certain que ung seul frère erre en son opinion, laquelle est contre tout[e] la crestiennité, tant du temps passé mille ans et plus que du présent, selon laquelle oppinion toute ladite crestienité seroit et auroit tousiours esté en erreur; parquoy suis déterminé toutellement y employer mes royaulmes et segnouries, mes amis, mon corp, mon sang, ma vie et mon âme. Car ce seroit grant honte à moy et à vous, que estes la noble et renommé nation de Germanie, qui sommes par privilège et préhéminence singullié institués deffenseurs et protecteurs de la foy catholique, que en nostre temps non seullement hérésie, mès suspicion de hérésie ou diminution de la religion crestienne par nostre négligence demeure après nous ès couraiges des hommes à nostre perpetuel deshonneur et de noz successeurs. Et ouyt la responce partinace que Luthere donna hier (April 18) en la présence de nous tous, je vous déclaire que me repens d'avoir tant dylayé à procéder contre ledit Luthere et sa faulse doctrine, et ne suis délibéré de plus oultre l'oyr parler, mais je entens que incontinant selon la forme du mandat qu'il soit remené, en gardant la teneur de son saufconduyt, sans prescher ny admonester le peuple de sa maulvaise doctrine et sans procurer que aulcune esmotion se face. Et, comme cy-dessus ay dit, suis délibéré me conduyre et procéder à l'encontre de luy comme contre notoire érétique, vous requérant que vous voz déclairez en ceste afer comme bons crestiens et estez tenuz le faire et le m'avez promis. Fait de ma main ce 19*me* d'abril de 1521. Signé: Carolus.

[1] Diese Versicherung entnahm der Kaiser mit Recht der Erklärung der Stände vom 19. 2. Diese war die Antwort auf den ersten Ediktsentwurf vom 15. 2. 1521

ordnet worden ist auf dem Konstanzer Konzil und anderweitig; denn es ist sicher, daß ein einzelner Bruder in seiner Meinung irrt, die gegen die ganze Christenheit in ihrer mehr als tausendjährigen Geschichte bis hin zur Gegenwart steht, der zufolge die ganze Christenheit sich ständig im Irrtum befunden hätte. Deshalb bin ich fest entschlossen, dafür meine Reiche und Herrschaften, meine Freunde, meinen Leib, mein Blut, mein Leben und meine Seele einzusetzen.

Denn es wäre eine große Schande für mich und Euch, die Ihr die edle und angesehene deutsche Nation verkörpert, wenn in unserer Zeit, in der wir durch Vorrecht und Vorrangstellung als Verteidiger und Beschützer des katholischen Glaubens bestellt sind, nicht (nur) Häresie, sondern bereits der Verdacht auf Häresie oder Minderung der christlichen Religion durch unser Versäumnis nach uns einkehre in die Herzen der Menschen, zu unserer und unser Nachfolger immerwährenden Unehre.

Und nachdem ich die halsstarrige Antwort, die Luther gestern (18. 4.) in unser aller Beisein gegeben hat, vernommen habe, erkläre ich Euch, daß ich es bereue, so lange das Vorgehen gegen Luther und seine falsche Lehre aufgeschoben zu haben. Ich bin nicht gewillt, ihn noch weiter anzuhören, aber ich beabsichtige, ihn sogleich gemäß dem Wortlaut des Mandats zurückzuschicken, unter Einhaltung seines Geleits, ohne daß er predigen und das Volk von seiner schlechten Lehre unterrichten und irgendeine Bewegung hervorrufen darf. Wie ich oben gesagt habe, bin ich gewillt, gegen ihn als einen notorischen Häretiker einzuschreiten. Ich fordere Euch auf, Euch in dieser Sache als gute Christen zu erklären, wie Ihr es zu tun gehalten seid und mir es zugesagt habt.[1]

Ausgefertigt von meiner Hand am 19. April 1521. Gezeichnet: Carolus.

Sacratissime ac invictissime cesar. Les électeurs, princes et estas de sainct empire, vos humbles subiectz, ont entendu le concept de V. M*té.*, lequel leur aves communiqué, concernant Martin Luther, et comme il soit ainsy par iceluy concept entendent que vostre finale intention et volunté de V. M*té* est: de observer et maintenir avec souveraine diligence la saincte foy christienne, les louables constitutions et ordonnances des conciles, comme souverain protecteur et advocat de la saincte christianté, ils ont conceu de ceste vostre intention en leurs courages grand joye et grande espérance de V. M*té* que les choses desus seront à vostre gloire et honneur.

Antwort der Reichsstände

am 20. April 1521 auf die Erklärung des Kaisers vom Vortage

Die Reichsstände kamen noch im Laufe des 19. 4. ohne den Kaiser zusammen, um über dessen Erklärung zu beraten. Die Mehrheit war für die kaiserliche Verlautbarung, aber wegen des Einspruchs besonders von Kursachsen und der Pfalz konnte keine bedingungslose Zustimmung erreicht werden.
Auch eindeutig katholisch Gesinnte, wie z. B. Kurfürst Joachim I. von Brandenburg, waren wohl mit dem Verfahren des Kaisers nicht ganz einverstanden. So intervenierte der Genannte bei Karl V. mit dem Ziel, ein Verhör Luthers vor theologisch Sachverständigen zu erreichen. Vermutlich war er auch der Sprecher, als dem Kaiser die nachstehende Stellungnahme mitgeteilt wurde, die, wenn auch nicht von der Mehrheit des Kurfürstenkollegiums, so doch von vielen Reichsständen sonst gebilligt wurde.
(Der Abdruck erfolgt nach: RA II, 598,8–599,26)

Hochheiliger und unbesiegbarer Kaiser! Die Kurfürsten, Fürsten und Stände des heiligen Reiches, Eure demütigen Untertanen, haben das Martin Luther betreffende Konzept Eurer kaiserlichen Majestät, das Ihr ihnen mitgeteilt habt, gehört. Es wurde durch dieses Konzept verlautbart, daß folgendes letzte Absicht und letzter Wille Eurer kaiserlichen Majestät sei: den heiligen christlichen Glauben mit souveräner Sorgfalt als ein souveräner Protektor und Advokat der heiligen Christenheit zu bewahren und aufrechtzuerhalten, ebenso die lobenswerten Einrichtungen und Ordnungen der Konzilien. Sie (die Stände) haben angesichts dieser Eurer Absicht in ihren Herzen große Freude und Hoffnung auf Eure Majestät, da die oben erwähnten Dinge zu Eurem Ruhm und zu Eurer Ehre gereichen werden. Im übri-

En oultre, attendu que ceste cause est de grand poix et conséquence et que elle est jà respandue en plusieurs lieux, les électeurs, princes et estas du sainct empire, de courage loyal et subiect, ont pensé et voulu manifester à V. M*té,* par manière d'humble admonition, ceste opinion et considération qui s'ensuyt.

Attendu que Martin Luther devant hier en sa response, que fist devant tous les assistens, entre les aultres choses dist et afferma: que si on luy povoit monstrer qu'il eusist erré en aulcune chose, qu'il parmeteroit estre aprins et informé; affin que ledict Luther ne puist dire que les articles, èsquelz il a erré, ne luy aient esté proposés, affin aussy que le commun peuple, qui ignore ces choses icy, ne estime que ledict Luther ait esté condamné sans estre ouy, les électeurs, princes et estas, ramenans à memoire les parolles de la saincte escripture, qui dit que dieu ne demande la mort du pécheur, mais qu'il se convertisse et vive, estimant estre une chose christienne et oeuvre de fraternele charité, si ledict Luther se povoit reduyre de ses erreurs à la voye de vérité et saincte foy christienne, et par ceste cause sambleroit une chose raysonnable que trois ou quatre personnes, graves et instruictz en la saincte escripture, fussent ordinnés, lesquels en la présence d'aultres personnes de maturité monstrassent audict Martin les articles, èsquelz il a escript contre la foy catholique, les consilez et constitutions, et remonstrassent audict

gen haben – eingedenk dessen, daß diese Sache großes verderbliches[1] Gewicht und große Tragweite und (die lutherische Bewegung) schon an zahlreichen Orten eine (beträchtliche) Ausbreitung hat – die Kurfürsten, Fürsten und Stände des heiligen Reiches in untertäniger Loyalität die folgende Meinung und Ansicht erwogen und wollen sie Eurer Majestät in der Art eines demütigen Rates vortragen:

Man müsse beachten, daß Martin Luther vorgestern (18. 4.) in seiner Antwort vor dem versammelten Reichstag unter anderem hervorgehoben hatte: Wenn man ihm zeigen könnte, daß er in irgendeiner Sache geirrt hätte, so wäre er gewillt, zu lernen und (besser) informiert zu werden. Damit Luther nicht behaupten könne, daß die Artikel, in denen er geirrt hätte, ihm nicht vorgelegt worden wären, und damit auch das gemeine Volk, das die (verhandelten) Dinge nicht kennt, nicht dächte, Luther sei verdammt worden, ohne gehört worden zu sein, bringen die Kurfürsten, Fürsten und Stände die Worte der Heiligen Schrift in Erinnerung, die sagt, daß Gott den Tod des Sünders nicht wolle, sondern daß er sich bekehre und lebe.[2] Sie halten es für eine christliche Sache und für ein Werk brüderlicher Liebe, wenn Luther sich von seinen Irrtümern wieder zurückführen ließe auf den Weg der Wahrheit und des heiligen christlichen Glaubens.

Und aus diesem Grunde schiene es eine vernünftige Sache zu sein, drei oder vier angesehene und in der Heiligen Schrift wohlbewanderte Persönlichkeiten zu beauftragen, im Beisein anderer erfahrener Persönlichkeiten Martin die Artikel zu zeigen, in denen er gegen den katholischen Glauben, die

---

[1] So könnte man vielleicht übersetzen, wenn man die Bezeichnung „poix" mit ‚Pech' wiedergeben will. Das Gewicht, die schwere Last heißt im Französischen: „poids"

[2] Hes. 33,11

Martin les raisons mouvantes lesdictes constitutions. Si par ce se povoit reduyre ledict Martin tellement qu'il revocast tout ce quil a escript contre les choses desusdites et que cy-après se gardast d'escrire et prêcher telles choses, les estas estiment que se serviroit moult à empescher plusieurs maulx, qui de ce pouroient aultrement sortir. Et si après ces choses ledict Martin vouloit en son courage pertinax et obstinet persévérer, V. M*té* le pourra parmettre s'en retourner avec son saulf conduict en sa maison, et après aura plus grande occasion de procéder contre luy, comme contre ung héréticque endurcy. En laquelle chose lesdits estas veulent adhérer à V. M*té* et donner ayde et assistence et point lesser la foy christienne à l'occasion de cest homme. Touteffois ilz se remettent quant à ce à plus grande délibération de V. M*té,* supplians humblement que V. M*té* veule prendre ceste admonition estre faicte comme de coeur loyal et subiect et avec clémence la interpréter au mieulx; soy recommandans à icelle V. M*té,* vers laquelle voeulent tousiours fidèlement soy porter.

Konzile und Konstitutionen geschrieben hat. Sie müßten Martin die Beweggründe der genannten Konstitutionen zeigen. Wenn er dadurch zurückgeführt werden könnte derart, daß er alles widerriefe, was er gegen diese oben genannten Dinge geschrieben hat, und er sich künftig hüten würde, solche Sachen zu schreiben und zu predigen, dann meinten die Stände, daß das sehr dazu dienen könnte, viele Übelstände zu vermeiden, die andernfalls daraus entstehen könnten.

Wenn danach Martin in seinem hartnäckigen und halsstarrigen Sinn beharren sollte, so könnte Eure Majestät erlauben, daß er mit seinem sicheren Geleit nach Hause zurückkehre, und hätte danach um so größere Gelegenheit, gegen ihn als einen verstockten Häretiker einzuschreiten.

In dieser Sache wollen die Stände Eurer Majestät anhangen, Hilfe und Unterstützung geben und den christlichen Glauben nicht um dieses Menschen willen lassen. Jedenfalls fügen sie sich, was diese Sache angeht, der größeren Entscheidung Eurer Majestät und bitten demütig, daß Eure Majestät diesen Rat als aus loyalem und unterwürfigem Herzen entstanden annehmen und mit Güte zum Besseren interpretieren möge. Sie befehlen sich Eurer Majestät, der gegenüber sie sich beständig treu ergeben halten wollen.

Bericht über die Verhandlungen der Reichsstände

mit Luther vom 19.–25. April 1521

Die Reichsstände nahmen die Erklärung des Kaisers vom 19. 4. über die Sache Luthers differenziert auf. In einer Reihe von besonderen Initiativen verhandelten sie bis zum 25. 4. mit Luther weiter.
Der Bericht darüber von einem nicht näher Bekannten, aber eindeutig der Reformation Aufgeschlossenen liegt vor. Dieser muß seine Aufzeichnungen während der Ereignisse gemacht haben, so daß die Berichterstattung ein hohes Maß an Zuverlässigkeit besitzt.
Es ist behauptet und bestritten worden, daß der Sekretär und Berater des sächsischen Kurfürsten, Spalatin, der Verfasser sein kann. Zumindest ist deutlich, daß der Chronist ähnliche Auffassungen wie dieser gehabt hat und mit seinen Aufzeichnungen der reformatorischen Sache einen Dienst tun wollte. Das zeigen ganz klar die letzten Zeilen des nachstehend Mitgeteilten.
(Der Abdruck erfolgt nach WA 7,841,16–857,15)

Freitags nach Misericordia domini[1], do die Churfursten, Fursten und stende des Reichs auff dem hauß zusamen komen, hat yn Kay. Majestet ein vertzeichung, yr eigenn handschrifft[2], zugeschickt dises vormuegens: nach dem yr eltern und furfordern, yhe und Christliche fursten, der Römischen kirchen und irem stul anhenging gewest, unnd Martinus Luther auff seiner verstockten ketzerischen maynung beharret, Demnach wer sein Majestet bedacht, yren furfordern nach czufolgen, in dem altenn glauben zu bleiben, und dem Babstlichen stul Beystand zuthun, Auch Doctor Martinus, seine leer, bücher,

[1] 19. 4. (s. o.)

[2] Das ist die kaiserliche Erklärung vom 19. 4. in französischer Sprache (s. o.)

anhenger und gunner durch die acht und in ander wege czuvertilgen, und wie wol er in solchs anczeigt, so wolt er dannoch in seinem furnemen furfaren.

Als haben die Churfursten, Fursten und stend des Reichs sich dorauff unterredt freitags nach mittag, auch den folgend sampstag fur und nach mittag, also das Doctor Martinus denn suntag Jubilate[3] kein weitter bescheid wider vonn Kay. Majestet, noch vom Reich entpfangen hat.

Mittler zeit sind stetigs vil leuth, und under den selbigen auch furtrefliche, namhafftige, hochgelerte, vorstendige herschafften, alde und gemein volck bey im zu und ab gegangen, Der etliche uber vil meil[4] sich zu im gefuget haben, yn zu sehen und anzuhoeren.

In des seindt etliche zettel, zum teyl wider, zum tail fur Doctor Martinus lautten, angeschlagen worden, Also das von etlichen vorstendigen dafur geacht, es sey von seinen misgunstigen geschehen, ine gegen Kay. Ma. und den Fursten zu furunglumpffen, als solt durch in damit das geleyt zerbrochen seyn.

Montags nach Jubilate hat K. M. in dem Reichs radt ein vortzeichungs[5] geschickt dyser meynung: nach dem yr Majestet in des Luthers sachen bedencken angezaigt haben, so beruwe yr Majestet nach auff yrem vorigen furnemen, die lauts des kopeien irer eigen hantschrift, inen jungst zu gestelt, außgen lassen, weil Luther auff seynem vorhartten willenn vorharre; aber nichts desterminder wollen yre Majestet gestaten mit im durch etlichen zuhandlen und zuvorsuchen, ab er die verdampten artickel widerruffen wol ader nit, auch das man die sach der massen furtter, das er uber iij tag nicht

---

[3] 21. 4.

[4] Textvariante: etliche vber etliche vil

[5] So vielleicht für: vortzeichnus

zu Wurmbs bleib, und das die acht, so er nicht widerruffen wolt, zu stundt an außgen solt.[6]

Weyl die Fursten und stend Kay. Majestet manung vermerckt, haben sy auch nit derwider sein wellen, sunder der statgeben, doch das man[7] im falh, so Doctor Martinus kainen widerspruch thun wurd, das mandat der acht nit ehr solt auß gen, er wer den zuvor wider an sein geworsamb kumen, und wie wol etliche Doctor Martinus misgunner entgegen, so ist es doch darbey bliben: darauff beschlossen ist, in mit einen Churfursten, einen fursten, einen graffen, einen von wegen der stet, auch etliche Doctor zubeschicken und mit ym zu handeln, ab er die verdampten buecher, artickel wel widerruffen ader nit.

Als seind nach mitag zwischen dreyen und vier hora zwen priester in Doc. Martinus herberg kumen, dy auß befelh des ertzbischoffen von Trier angesagt haben, er wel auff nechst zukunfftigen mitwochen[8] zu sechs hora vor mittag vor sein C. F. G. erscheinen ann dem ordt, so sein C. F. G. in mitler zeit vormelden wolt: des sich Doctor Martinus untertheniglich zuthun erboten hat.

Desselbigen montags hat K. M. beichtvater[9] zu D. Martinus vor mittag sollen kommen mit im zu handeln, er ist aber außbliben.

Mitwochen den nechsten nach sant Jorgen tag, als D. Martinus zwischen sechs und sieben oer vor mitag in deß Ertzbischofs von Trier herberg kommen fur die zwen Churfuersten Trier und Brandenburck, Herczog Jorgen zu Sachsen,

---

[6] Der Text des Schreibens vom 22. 4. ist über das obenstehende Summarium hinaus nicht näher bekannt

[7] Der Text ist entstellt. Möglicherweise ist das „man“ auszulassen; oder man müßte nach „auß gen“ ein ‚lassen‘ einfügen

[8] 24. 4.

[9] Der Franziskaner Jean Glapion

auch zwen bischofen Auspurg und Brandenburg, den deutschen meister, graf Jorgen zu Werthaym, Doctor Bock von Straßburg und Doctor Peutinger, hat des Margraffen von Baden kantzler dise meinung geredt:

Wie wol Ka. Ma. hab nach dem vorhoer, darinne sy vormerckt, das D. Martinus auff seinem furnemen welle vorharren, beschlossen, nit weiter mit im zu handeln, so hab doch K. M. auß furbith der Churfursten und stend des Reichs inen gestadt, in durch gnedigen ansuchen, bruederliche vormanung und guttige erinnerung tzu ersuchen. Derhalb hab er solchs nit auß seiner geschigklickeit, sunder auß befelh hochgenanter Churfursten, Fursten und stendt des Reichs angenummen fur zuwenden, und wer erstlich die meinung, sie woltten sich in keinen weg mit im in die disputation begeben, dan es wer nit not, gut, nutz nach erschießlich, sunder allein gnedicklich und bruederlich erinnernn, und begert erstlich, D. Martinus wol bedencken die einikeit der kirchen, den ungenetten rock, darmit der selb durch sein ler und opinion nit zerryssen wurd, und sagent volgend von der Concilien, ab sy gleich geirret hetten, so wer dennach yr gwalt und auctoritet nit zuverachten, dan wir weren alle menschen und kuenten alle yrren, aber dennoch must man die gewalt darumb nit verachten. So findt man auch nit, das die Concilia contraria, sunder allein diversa determiniert hetten, wy dan hetten mussen pro diversitate temporum, personarum et locorum[10] geschehen, und fueret da mit ein den Centurionem und Zacheum, das der ein het Christum in sein hauß genummen, der ander dar fur gebeten.

Darnach hat er gesagt von der not, heilwertikeit, nutzbarlickeit und vortail auß den Concilien und iren gesetzen er-

[10] Konzilien stehen in ihren Lehraussagen nicht gegeneinander, sondern drücken Lehrmeinungen nur verschieden aus. Es handelt sich um eine Verschiedenheit, die zeit-, personen- und ortsbedingt ist

wachsen, und das der christlichen kirchen darauß vil guts zugestanden wer; volgend sprach er, wo yn gleich solchs nit alles bewegen moecht, so solt in doch sein gewissen bewegen mit anzeigung, er solt sich allein auf sein eigen syn als der einig wider sovil leut nit lainen[11], mit einfurung S. Bernhardi, de negotio perambulante in tenebris et demonio meridiano[12], so lernet yn auch sein gewissen darob zu sein, das ergernus vermiden wurd, mit vil worten einfurung S. Bernhardi, so solt er betrachten, das er auß bruederlicher lieb schuldig wer, seinen syn und vorstant zuweichen, auch solt er bewegen, das er grosse far moecht ergen[13]. Entlich wo er das nit wurd thun, so wurd K. M. vileicht procediern, und wiwol er vil gutz dings gschriben, als de triplici justicia, de libertate christiana, de bonis operibus[14], so wurd doch das gut mit dem boesen umbgebrocht, schentlich verdambt werden: wo sich aber D. Martinus der gebuer wurd halten, so wurd K. M. die buecher erleutern und die guten erhalten.
Darauf hat sich D. Martinus unterteniglich bedanckt der grossen gnaden und bruederlichen ermanung und mitleidens, dan er erkennet, sich fur unwirdig von so hohen herschaften und stenden so gnediglich und freundlich ersucht zu werden, und hat kuertzlich repetirt und erholet: Erstlich das er kein Concilium dan das zu kostnitz[15] angegriffen het, und nit umb irrung willen der werck und gschicht, dan er wuest gar

[11] lehnen, stützen

[12] Es handelt sich um Gedanken des Heiligen Bernhard von Clairvaux († 1153) über die Pest, die in der Dunkelheit umgeht, und über den bösen Mittagsgeist. Siehe dazu die Vulgataversion von Ps. 90,5.6 und die Lutherbibel Ps. 91,5.6

[13] „ergen“ vielleicht für ‚ergern‘ = ärger, schlimmer machen (?)

[14] Über die dreifache Gerechtigkeit, über die christliche Freiheit, über die guten Werke

[15] Das Reformkonzil von Konstanz fand 1414–1418 statt. Auf diesem Konzil wurde Johannes Huß verurteilt und verbrannt

wol, das man uberkeit solt eren und halten, sy thun recht ader unrecht, sunder umb des yrtumbs willen in der ler und glauben, wan es sey zu kostnitz verdampt der artikel des glaubens ‚Ich glaub die heiligen christliche kirchen‘ in disem artikel des Joannes Huß ‚es ist ein einige gemeine christliche kirchen, das do ist die anzal aller auserwelten und von got versehen heiligen‘, in welchem yrtumb der gwalt und gehorsam aufgehoert, wy wir von S. Peter lesen, welchem auch verboten war nit mer den namen des herrn Jesu Christi zulernen, do er sprach ‚man muß mer got dan den menschen gehorsam sein‘.[16] So ficht mich auch das nicht an, das dy Concilia diversa, sunder das sy Contrarie gesetzt haben, das der heiligen schrifft, als berurter artickel, gar entgegen ist. Es wer auch besser, das keine geistliche satzung gemacht weren, dan sie weren unnot und unnuetze; folgent wueste er gar wol, das eygensinnickeit in der schrifft aufs hoechst verbotten sey, hab auch in seinen buechern anders nit gelernt, aber die artickel weren nit sein, sunder gotes und der heyligen geschrifft, darumb kunne er also do von nit lassen. So weren auch do ergernus zwayerlay, des glaubens und der lieb: das ergernuß der lieb wer zu meyden, die wer nicht anders dan boesen worth und werck, die got vorpoten hat, aber ergernuß des glaubens stee in der leer und im worth gotes, die muß nicht aufhoeren von anbegen der welt bis an yrem end, darin das wort gotes stoest die groß gelerten und heyligen lewt. Also stet von Christo, er ist der stein der ergernuß, so kan ich ye den herrn Christum nicht anders machen dan in goth selbs gemacht hat, stund auch wol drauff, wan man die ergernus und entperung wolt weren, das man sy erst damit wurd erwegen, dan das heylig wort gotes hab alleczeit das ansehen gehabt, als wolt die erd vorsincken und der hymel fallen, wie dy Juden auch gethan, do sy sagten ‚lassen wir

[16] Apg. 5,29

ynen, so wurden die Römer kumen und uns czerstoeren', und ist doch eben dardurch die zerstoerung erfolgend. Bit derhalben unttertheniglich, E. C. F. unnd F. G. wollen mich gegenn Kay. Majestet verpietten, mich bey meynem vilfaltigen christlichen erbiten zuhant haben, dan ich bin nachmals in undterthenickeit erboetig, wo ich mit goetlicher geschrifft uberwunden werdt, mich diemutiglichen lassen undterweysen.

Darnach hat mann Doctor Martinn einen abtrit haissenn nemen, und da er widerumb erfordert, hat der Cantzler von Baden von wegen der Churfuersten und stend des Reichs abermals eine ernewerung[17] gethan, er wolt voranczeigte ursachen bedencken, seine syn waichen unnd sein buecher Kay. Ma. den Churfursten unnd stenden des Reichs untterwerffenn.

Darauff hat Doctor Martinus sich diemutiglichen underteniglichen gethan, gnedig und bruderlichen erinnerung bedanckt und gesagt: Weil yr Churfursten und F. G. sich mit im in kaine disputation einlassen, so wel er sich auch nit mit yn in disputation begeben, er laß im auch nit nachsagen, wel im auch nit nachsagen lassen, das er nit wolt Kay. Majestet, den Churfursten und stenden des reichs seine schrifft undterwerffen, so er doch dy selben auch dem allerwenigsten undterwurfft und diemuettiglich leiden moecht, das jedermann do wider aufs herczte rennet, schribe und die selbigen lauttert; allein das es mit goetlichen schrifften geschee, dan er kunt jhe ni in kainen weg das klar worth gottes vorleuegnen und widersprechen. So hette sant Augustin geschriben: ‚ich hab gelernet alleine die puecher in eren zu haben, die Canonici, das ist die gegrundeten und gotlichen, heyssen, Darumb das ichs aufs festigst halt, das ire beschreiber und die sy gemacht haben keiner geirret hab, wan der ander bucher alle,

[17] Sinngemäß besser übersetzen durch: erinnerung

wie heilig und gelert sy gewesen seindt, lese ich dermassen, das ich sy fur war halt, nicht darumb sy der maynung gwest sein, sunder so sy mit der heiligen schrift ader helle vornunfft etwas haben muegen beweren unnd beweisen'. So het auch sant Paul gesagt zu den von Thessalonica ,Ir sollet alle dinck vorsuchen und was gut ist behalten'[18], Und zu den Galatern ,Und wen ein engel von hymel keme und euch anders lernet, so solt yr im nit glauben'[19]. Wue nhu seine bucher der christlichen ler yrtumb befunden wurdenn, so wolt er umb keine gnad bitten, allein das man in nicht wider das klar worth gotes zu handlen drunge. Derhalben were nachmals sein undtertenige bitt umb gottes willen yn gegen Kay. Majestet gnediglichen zu vorbietten, mit im nicht nach der scherffe, sunder gnediglichen zu handlen.

Des hat Margraff Joachim von Brandenburg Churfurst x gesagt:

Herr Doctor, so vil ich vormerck, so habt yr gesagt, ir weldt von ewerem vornemen nit absten, yr werdet dan durch gegrundete schrifft anders vndterweisset.

Darauff Doctor Martinus geantwort: gnedigister herr, Ja, oder durch helle ursach.

Des haben die Fursten Doctor Martinus von in geen heissen, dorauff sy, aufgeschlossen den Erczbischof von Thrier, zu den andern Churfursten und stendt des Reichs auff das hauß geritten und Relation[20] gethan haben.

Aber der von Trier hat Doctor Martinus wider zu im inn die stuben genomen, und neben im sein official zu Trier, Doctor Cocleus, Techant zu unser lieben frawen zu Franckfordt am Meyn, und wider Doctor Hieronymus Schurff und hern Niclassen von Ambsdorff Licenciaten der heiligen schrifft und

---

[18] 1. Thess. 5,21

[19] Gal. 1,8

[20] Bericht

Thumher zu Wittenberg fur doctor Martinus, und gesagt, sy wollen fruntlich und bruederlich mit einander handlen.
Des hat der Official angefangen zusagen und arguern[21], das auß der heiligen schrifft durch ire ungleiche außlegung und deutunge allczeit ketzereien gewachsen sein, mir einfuerung, wie auß disem spruch ‚Der vatter ist grosser dan ich'[22] die Arrianische ketzerey, unnd auss disem ‚Joseph hat Mariam nit erkent, bis sy iren erstgebornen sun geboren hab'[23] Ein ander ketzerey geflossen sey. Derhalben must und solt man nicht stetigs der heiligen schrifft ane außlegung und deutung der heyligen vetter und Concilien anhangen, mit einmischunge vil andere worth, darunder auch Doctor Cocleus, dach an[24] schrifft, gered und sich undterstanden hab, Doctor Martinus zuubereden, wiewol nicht uberwundenn, ja nach pesser undterricht einen widerspruch zuthun, darab zu weilen sy beyde, der Official zu Trier und Doctor Cocleus, auff ein mal geredt und den Doctor Martinus nit haben zu wort und antwort gnugsam lassen zukumen. Darunder auch Doctor Iheronymus Schurff auch gegen dem Cocleus und Official zu Trier geredt hat. sunderlich hat auch der Official disen artickel angefochten, das die christlich kirche sey dy anzal der, die got zu der ewigen selickeit vorgesehen hat. Darauff Doctor Martinus geantwurd und seine aufflösung vorgewant hat, als sein sy auffbrochen, und wiewol mein herr von Trier wol het muegen leidenn, das sy nach mittag wider zu im kumen weren mit eynander weitter zu reden und zu disputiern, doch haben der Official und Cocleus nit vil willens darczu gehabt.
Aber wie den, so ist nach mittag der Cocleus in doctor Mar-

[21] folgern, beweisen, von lat.: arguo
[22] Joh. 14,28
[23] Matth. 1,25
[24] ohne

tinus herberg kumen und hat zu im geworben unnd sich unterwunden in disputation fast unschickerlich zubegeben, also das er hat doctor Martinus durffen anbitten, er sol das gelaite uffsagen, so wol er mit im disputirn, mit vil spitzigen worten. Darnach auch mit doctor Martinus allein an einem ort gegangen und in erinnert, seines vornemens ab zu sthen und zu revocirn. Den Cocleus hat doctor Martinus wol und zuechtig begegnet, auch doctor Iheronymus Schurff, Thiloninus, auch Jonas licentiat und Peter von Suaven, dan etliche andere haben darbey nit muegen sein.

Auff den abent hat mein herr von Trier dem Doctor Martinus lassen anczeigen, daß Kay. Ma. yr gelait im abermals auff zwen tag erstreckt hab, mittler zeit mit im weitter zuhandlen lassen, und das des folgenden tags sant Marci Doctor Peutiger und sunst nach ein doctor mit im handlen wurden, so wolt er auch selbst mit im handlenn.

Dornstag Sancti Marci zwischen vij. und viij. hora vor mittag sein zu doctor Martinus kumen in sein herberg der Kanczler von Baden und doctor Peutiger, die in nachmals, als sy furgeben ‚auß eygenem bewegnus', erinnert und gebetten, er wol seine buecher und schrifft Kay. Ma. Churfursten und stenden des Reichs unterwerffen daruber zu sprechen, in betrachtung was mancherley schad und beschwerung, so dorauß erfolgen moechten und wurden, So wer yhe untter zwaien ubeln eins zu erwelen, Dan wo er seine buecher Ky. Ma. nit unterwerffen wurde, so wurden sy alle verdampt, verdilgt unnd verdempft werden, undterwuerff er sy aber der Kay. Majestet, so kem er anheim und mocht noch vil guts erregen, das sunst vorbleiben wurde.

Darauff Doctor Martinus in irer bruederlichen erinnerung demuetiglichen bedanckt hat mit christlichem erbieten, alles das Kay. Majestet, den Churfursten und stenden des Reichs zu underthenigem gefallen zuthun, so im mueglich wer, allein das im nit wolt gebueren gotes wordt in der menschen hend

zuvertrawen und setzen, dan der prophet hat gesagt im psalter ‚nit in fuersten vertrawen[25], in die kinder der menschen, in welchen das heil und die selickeit nit ist', so sagt ein ander Prophet ‚Vormaledeyet sey der mensch, der sein vertrawen setzt in einen andern menschen'[26], und der gleichen mer.

Als haben die zwen doctores yren abscheid genumen und gesagt, sy besorgten, sy wurden zusatz, wie doctor Martinus angeczaigt und sich erpotten, sein buecher auff Kay. Ma. erkentnus also zu stellen, wen sein Majestet iren spruch mit goethlicher schrifft wolten bekrefftigen, nicht muegen erheben, und gebeten, er wolt sein bedencken bis nach mittag nemen.

Nach mittag seint Doctor Peutiger und der kenczler von Baden wider kommen und haben abermals darauff gehandelt, D. Martinus wolt seine buecher an allen zusatz des goetlichen worts auf Ka. Majestet, Fuersten und stenden des Reichs stellen, des sich doctor Martinus gewert hat, dan weil im bereit im anstand des gelaits sein ler wer verdampt worden und die mandat wider in außgangen, het er sich in keinem weg zuvormutten und troesten, das in disem falh durch die selbigen solt gesprochen werden. Derhalben hat er entlich bewilligt auf der berurter doctor anregen, man solt auß seinen buechern mit seinem wissen artikel zihen, die er auff erkantnus des kunftigen Concilii sol stellen, doch also, das ein kunftiges Concilium auß und mit kraft des goetlichen worts daruber spreche.

Alß haben dy vilbenanten zwen doctores dem erczbischoff von Trier angesagt, doctor Martinus het bewilligt etliche artickel auß seinen buechern zu ziehen, auff ein kunfftigs Concilium zu stellen und mitler zeit davon nit schreiben, predigen

---

[25] Ps. 118,9

[26] Jer. 17,5

und lesen, wie dach vonn doctor Martinus nicht bewilligt. Kurcz darnach hat mein herr von Trier noch doctor Martinus geschickt und im solche mainung mit gnediger erczeigung fur gehalten.
Darauff doctor Martinus sein C. F. G. den handel undterteniglich bericht hat, und undter andern gesagt hat, das im in keinem leidlich sein wolle in den artickeln, im Concilio zu Costnicz verdampt, einiche handlung anzunemen, angesehen, das es so gar wider gotz wort gehandelt hat. Aber in den artickeln, der er selbs gewiß, und in der Biblia nicht gegrundet werenn, konte er wol der Concilien beschluß und erkentnus erleiden, doch so fern, das sy den goetlichen worten nit entgegen werden. Wen es dan jhe nit anders sein wolt, so must er es got lassen walten, der sein wort zuerhalten mechtig genug wer, es wer dan die zeit kumen, dovon der prophet gesagt hat ‚Und die warheit wurdet darnider geleget und geschlagen werden'[27]. Dan ehe er sich wolt an dem wort gotz vergreiffen, wolt er leib und leben lassen faren.
Als mein herr von Trier an doctor Martinus begert hat, selbst mittel fur zuschlahen, sagt er: Gnediger her, ander und besser mittel waiß ich nit, dan so sant Lucas schreibet, als Gamaliel saget von des hern Christus lehr, sy solten leiden, dan were sy auß den menschen, so wurde sy von yr selbs zughen, were sy aber auß goth, so wurde sy von den menschen nit muegen zerstoert werden[28]. Das selb het Kay. Ma. sampt dem Reich dem Babst schreiben muegen, mit dem goetlichen wortte het es die gestalt, dan sant Paul davon schrieb ‚und wan ein engel vom himel herab kem und anders leret, so solt yr im nit glauben'[29].

---

[27] Jes. 59,14.15
[28] Apg. 5,34–39
[29] Gal. 1,8

Entlich hat D. Martinus gebeten, im gnediglichen zu einem gnedigen abscheid zu helffen. Darczu sich mein herr vonn Trier gnediglich erpoten hat.
Zwischen v. und vi. hora auff den abent ist der kanczler von Osterreich zu sampt dem official von Trier und Maximiliano secretary, zu doctor Martinus in sein herberg kummen. Als hat der Official von wegen Kay. Ma. angeczeigt: Weil Kay. Ma. in von wegen yr, auch durch Churfuersten, Fuersten und stende des Reichs haben manigfeltiglich gnediglichen lassen erinnern von seinem fuernemen ab zusteen und er, solchs alles unangesehen, dorauff halßstarck beharre, derhalbe gepuer seiner Majestet als einem Voyte[30] des Christenlichen glaubens weiter zu procedieren, und sey seiner Majestet befelh und mainung, sich inwendig .xxi. tagen widerumb in sein geworsam zufuegen, dan im solt das geleit gehalten werden, und solt undter wegen nicht predigen, schreiben, nach in andere wege das volck regig machenn.
Dorauff hat doctor Martinus mit demuetigen zuchtigen geberden, auch zu latein, geanthwurt ‚wie es dem herren geliebet und gefallen hat, also ist es ergangen und geschehen, der namen des hern sey gebenedeyet'. Erstlich thu er unttertenig dancksagung Kay. Ma., den Churfursten und stenden des Reichs, das sy in so guettiglich und guenstiglich gehoert haben, dan er het in dem selben kein mangel an in gehabt, allein das man in seiner vilfaltigen demuetigen pit nach mit der goetlichen schrifft nicht undterweist het, er wolt Kay. Ma. mandatz und befels gehorsamglich leben und alle ding thun und leiden, das leben und den todt, die eer und uneer, und wolt im auch auff erden nichts vorbehalten dan das einige wort gottes, das er wolt frey und unverbunden haben, das selbig zu bekennen unnd zubeczeugen.
Beide teil haben auch ein einigen Notarien gehabt; also

[30] Vogt

seindt sy von eynander geschaiden, und die hende zuvor an ein ander gegebenn.

Auff den freitag nach volgend[31], hewt datum, ist doctor Martinus zu wurmbs mit sampt den, so er mit gebracht, zwischen ix. und x. hoer umb den mitag abgescheiden, seyn weg gen Oppenheim zunemen, hat auch gestern und des morgens seines abscheidts ein wunder grossen zulauff von vil furtreflichen leutten gehabt, die sich mit im geletzet haben.

Der almechtig fug dise sachen nach seinem goetlichen willen zum besten und also, das sein goetlich worth unverdruckt bleib.

Amen.

---

[31] 26. 4.

Luthers Bemerkung

über sein mutmaßliches Patmos, in einem Brief an Lukas Cranach vom 28. April 1521

Luther begab sich am Vormittag des 26. 4. in Richtung Frankfurt (M.) von Worms aus auf den Weg. Vor seiner Weiterreise nach Friedberg schrieb er seinem Freund, der ihn kurz vor seinem Aufbruch nach Worms im März noch porträtiert hatte, einen Brief, in dem er seinen noch ganz frischen Eindruck vom Reichstag mitteilte und andeutete, daß ihm zugetragen worden sei, er solle auf eine ihm noch nicht näher vertraute Weise während der Rückreise ‚eingetan werden', um eventuellen Versuchen zur Vollstreckung des Bannes und der (zu diesem Zeitpunkt noch nicht ausgesprochenen, aber zu erwartenden) Reichsacht zu entgehen.
(Der Abdruck erfolgt nach: WABr 2,305,1–29)

Dem fursichtigen Meister Lucas Cranach, Maler zu Wittemberg, meinem lieben Gevattern und Freunde.

Jhesus.

Meinen dienst! Lieber Gevatter Lucas, ich segene und befehl Euch Gott. Ich laß mich eintun und verbergen, weiß selbst noch nicht wo[1], und wiewohl ich lieber hätte von den Tyrannen, sonderlich von des wütenden Herzog Georgen zu Sachsen[2] Händen den Tod erlitten, muß ich doch guter Leut Rat[3] nicht verachten, bis zu seiner Zeit.

---

[1] Kurfürst Friedrich hatte mit seinen Beratern am 25. 4. die Absicht erwogen, Luther zunächst möglichen Angriffen zu entziehen. Dieses war ohne konkrete weitere Angaben Luther noch vor seiner Abreise in Worms mitgeteilt worden. Offenbar hat sich der Reformator diesem Vorhaben nicht widersetzt

[2] Herzog Georg von Sachsen hat bis zu seinem Tode 1539 seine feindliche Stellung gegen Luther bewahrt. Dadurch wurde die Reformation

Man hat sich meiner Zukunft zu Wormbs nicht versehen[4], und wie mir das Geleit ist gehalten, wisset Ihr alle wohl aus dem Verbot, das mir entgegen kam.[5] Ich meinet, Kais. Maj. sollt ein Doctor oder fünfzig haben versammlet und den Münch redlich überwunden. So ist nichts mehr hie gehandelt denn so viel: Sind die Bücher dein? Ja. Willtu sie widerrufen oder nicht? Nein. So heb dich! O wir blinden Deutschen, wie kindisch handeln wir und lassen uns so jämmerlich die Romanisten äffen und narren!

Sagt meiner Gevattern, euerm lieben Weib, mein Gruß, und daß sie sich dieweil wohl gehabe. Es müssen die Jüden einmal singen: Jo, Jo, Jo.[6] Der Ostertag wird uns auch kommen, so wöllen wir dann singen Alleluia. Es muß ein klein Zeit geschwiegen und gelitten sein. Ein wenig, so sehet ihr mich nicht, und aber ein wenig, so sehet ihr mich, sprach

---

in seinem Lande verhindert. Die erklärte Gegnerschaft des Herzogs datiert spätestens seit der Leipziger Disputation im Jahre 1519. Eine von Luthers wichtigsten sozialethischen Schriften (Von weltlicher Obrigkeit, wie weit man ihr Gehorsam schuldig sei, 1523) wendet sich gegen Herzog Georg, der die Verbreitung von Luthers Übersetzung des Neuen Testaments in seinen Landen untersagt hatte. Der Reformator richtete eine ganze Reihe von Schriften (u. a. 1523, 1525, 1531, 1533) gegen den katholischen Fürsten

[3] Friedrich v. Thun und Philipp v. Feilitzsch hatten mit ihm den kurfürstlichen Plan besprochen

[4] Luthers Kommen nach Worms war zwar von der päpstlichen Partei heftig hintertrieben worden, aber auch abgesehen davon rechnete wohl kaum jemand ernstlich mit seiner Ankunft und dem Erscheinen vor Kaiser und Reich. Ein einzelner Mönch vor diesem Gremium war eine zu ungewöhnliche Sache!

[5] Luther meint das Verbotsmandat für seine Schriften, von dem er auf seiner Reise nach Worms in Weimar erfahren hatte

[6] Gemeint ist der Triumph der religiösen Führer des jüdischen Volkes am Karfreitag

Christus.[7] Ich hoff, es soll itzt auch so gehen. Doch Gottes Wille als der allerbeste geschehe hierin, wie im Himmel und Erden, Amen.

Grüßet mir Meister Christian[8] und sein Weib! Wollet auch dem Rat mein großen Dank sagen für die Fuhre. Ist Euch an Licentiat Feldkirch nicht gnugsam, mügt Ihr Er Amsdorf zum Prediger ersuchen[9]; er wird's gerne tun. Ade! Hiemit allesampt Gott befohlen, der behüt euer aller Verstand und Glauben in Christo fur den Römischen Wölfen und Drachen mit ihrem Anhang, Amen.

Zu Frankfort am Main, Sonntags Cantate 1521.

D. Martinus Luther.

---

[7] Joh. 16,16. Luther rechnet augenscheinlich fest damit, daß seine Verborgenheit nur vorübergehend sein würde

[8] Christian Düring hatte Rollwagen und Pferde für diese Reise zur Verfügung gestellt. Der Rat der Stadt Wittenberg hatte die Reisekosten bezahlt

[9] Luthers Vertrauter Nikolaus v. Amsdorf hatte ihn auf der Reise begleitet und war auch eingeweihter Zeuge des ‚Überfalls' bei der Burg Altenstein am 4. Mai 1521. Luther rechnete also damit, daß Amsdorf sicher nach Wittenberg gelangen würde

Luthers Brief

vom 28. April 1521 an die Reichsstände

Zwei Tage nachdem Luther Worms verlassen hatte, schrieb er von Friedberg aus an Karl V. einen lateinischen Brief, in dem er seine reformatorische Stellung und seine Beurteilung der Reichstagsereignisse noch einmal zusammenfaßte.
Schon am 30. 4. wurde den Reichsständen ein Brief in deutschem Wortlaut mitgeteilt, der, abgesehen von einigen adressatenbedingten Veränderungen, den Inhalt des Schreibens an den Kaiser bietet.
Wenn Luther in Anbetracht der Kürze seines Aufenthaltes in Friedberg den Brief nicht selbst vom Lateinischen ins Deutsche übertragen haben sollte, läge die Annahme nahe, daß Spalatin, der auch hier Verbindungsfunktionen wahrnahm, der Übersetzer gewesen ist.
(Der Abdruck erfolgt nach: WABr 2,314,1–317,134; zum Vergleich heranzuziehen ist selbstverständlich auch der lat. Text, der für den Kaiser bestimmt war: WABr 2,307,1–310,125)

Dem Hochwirdigsten und Hochwirdigen in got, Durchleuchtigsten und Durchleuchtigen, Hochgebornen Churfursten, Fursten, Erzbischoffen und Bischoffen, Erwirdigen Prelaten, Edlen und Wolgebornen Graven, Gestrengen, Ernfesten Ritterschaften und Edlen und allen andern Stenden des heiligen Römischen Reichs, jetzund auf dem Keiserlichen Reichstag zu Worms
versamlet, meinen Gnedigsten, Gnedigen und gunstigen herren.
Gnedigste, gnedige und gunstige herren, Ewer Churfurstlichen Furstlichen und anderen gnaden und gunsten sei mein undertenig dienst und gebet alzeit bevor. Genedigeste, gnedige und gunstige herren, nachdem die Ro. Kai. Ma. mich auf ir frei, sicher und strack geleit gen Wormbs beruffen, von

mir erkundigung meiner bucher halben, die in meinem namen außgegangen, zu empfahen, bin ich untertenigster Capellan für Kai. Ma. und den Stenden des Reichs in gehorsam erschinen. Also hat mir Kei. Ma. erstlich lassen furhalten anzuzeigen, ob ich mich zu beruerten buechern bekenne und dieselben widerruffen oder darauf beharren wolte oder nicht. Hab ich nach untertenigem bekantnuß der buecher, so von mir gemacht und durch meine mißguenstige oder in andre wege nit verkert und zu nachteil verandert, mich untertenicklich vernemen lassen: weil meine schriften mit dem claren und lautern wort gottes bekreftiget seind, ist mir auf das hoechst beschwerlich, unpillich und unmueglich, gottes wort zu verlaugnen und solliche meine buecher der maß widerruffen, und in demuet gepetten, Kei. Ma. wolte mich zu sollichem widerspruch in keinen weg lassen dringen, besunder mein schriften und buecher durch sich selbst oder andere, auch die wenigesten, so er vermuegen, besichtigen, die irtumb, so darinnen sein sollen, durch goetliche, Euangelisch und Prophetische schriften zu erweisen, mit Christenlichen erpieten: so ich verweiset wurd, das ich solt geirret haben, wolte ich alle irtumb widerruffen und der erst sein, der meine buecher in das fewr wolt werfen und mit den fuessen darauf tretten. Darauf von mir begert ist, ich wolte eine kurze und richtige antwort geben, Ob ich wolte widerruffen oder auf meinem furnemen bleiben. Derhalben ich abermals Keiserlicher Maiestat und C. F. G.[1] undertenicklich geantwort: Dieweil mein gewissen durch die goetliche geschrift, so ich in meinen buechern fure, gefangen und begriffen sei[2], so mueg ich in keinem wegk one weisung durch die heilige goetliche geschrift etwas widerruffen. Alßo haben volgent et-

---

[1] K(Ch)ur/fürstliche Gnaden

[2] Siehe den Schlußteil der Ansprache Luthers vor dem Reichstag am 18. 4. 1521

liche Churfursten, Fuersten und etliche auß den stenden des heiligen Reichs mit mir gehandlet[3], ich solt und wolte meine buecher auf Kei. Mai. und der stende des heiligen Reichs erkantnuß stellen, wie darnach auch der Canzler von Baden und Doctor Peutinger von Augspurg gegen mir fuergewant. also hab ich mich abermals erbotten wie vor, wa ich durch goetliche geschrift oder helle und clare ursach unterweist wuerd. Letzlich, das ich etlich artickel, auß meinen buechern gezogen, dem erkantnuß eines Conciliums solt vertrawen, und ich alle zeit und wege in untertanickeit willig gewest bin, alles zu ton und lassen, das mir mueglich. hat es sich entlich allein doran gestossen, das ich nit hab muegen dise Christenliche maß erheben, das das wort gotes frei und unverpunden were und das ich meine buecher auf Kei. Maj. und des heiligen Reichs oder eines kunftigen Concilium erkantnuß, urteil und determination alßo stellet, das nichts wider das heilig wort gotes darin von mir begeben oder von inen beschlossen, besprochen und erkant wurd. Dan got, der aller herzen ein forscher[4], ist mein gezeug, das Kei. Maj. gehorsam zu leisten in allen dingen, es treff an leben oder sterben, tun oder lassen, eher oder schand, guet oder schaden, ich ganz willig und geflissen bin. Hab mich auch des zu vil malen erpotten und nachmals erpeut, nichts vorbehalten, dann allein das goetlich wort, darinnen nicht allein des menschen ewigs leben, wie Christus Matthei am 4. sagt, sunder auch der englen frewd und wunn steet, welches uber alle ding frei und ungebunden sein soll und muß, als sanct Paulus lert, und in keines menschen gewalt stet, desselben sich zu begeben oder in far[5] zu setzen, wie groß und vil gelert und heilig si immer

---

[3] Cf. über die Verhandlungen zwischen dem 19. und 25. 4. den Bericht, der in einer lateinischen und einer deutschen Version (s. o.) vorliegt

[4] Apg. 15,8

[5] Gefahr, Unsicherheit

sein muegen, das auch sant Paulus zu den Galatern am ersten darf zweimal rufen und sagen: Wan gleich ein engel von himel oder auch wir selbs anders leren wolten, so sei eß vermaledeiet[6], und David im Psalter: Ir sollent nicht vertrawen in den Fursten, in der menschen kinder[7], in welchen kein heil ist. Jha niemand auch auf sich selbs begeben soll, als Salomon sagt: Der ist ein nar, der in sein herz vertrawet[8], und Hieremias 17: Vermaledeiet sei, der in ein menschen vertrawet.[9] Dan in zeitlichen sachen, das gottes wort und ewige ding nit betreffend, seind wir schuldig, untereinander zu vertrawen, angesehen, das derselben ding begeben, fare und verlust, die wir doch zuletzt muessen faren lassen, zu der seligkeit unschedelich seind, aber in gotes wort und ewigen dingen kan und wil got nit leiden, das man sich frei begeb und erwege auf ein oder vil menschen, sunder allein auf in selbst, der allein die eer und namen hat und haben sol, das er warhaftig und die warheit selbst ist, aber alle menschen eitel seind[10], wie das sant Paulus ad Rhomanos meisterlich einfurt. und ist das nit unbillich, wan solichs vertrawen und wegen ist das recht anpetten und der eigentlich gottesdienst, als s. Augustin[11] leret euch., welchs keiner creatur sol erpotten werden. denn daher will s. Paulus kein engel von himel, auch nit sich selbst, auch ane zweifel keinen heiligen im hi-

---

6 Gal 1,8

7 Ps. 118,8.9

8 Spr. Sal. 28,6; in der revidierten Lutherbibel von 1964 für Herz: Verstand!

9 Jer. 17,5; es ist auffällig, daß ein Teil dieser Stellen schon in der Berichterstattung über die Verhandlungen zwischen dem 19. und 25. 4. begegnet. Offenbar haben diese Verse Luther in den bewegenden Ereignissen des Reichstages sehr beschäftigt

10 Röm. 1,21; revidierte Lutherbibel: Sie ... haben ihre Gedanken dem Nichtigen zugewandt ...

11 Andere Textversionen geben an: Im 1. Kapitel seines Enchiridions

mel nach auf erden sollichs vertrawens wirdig achten nach geacht werden, ia auch vermaledeiet. Es wurde auch kein heilig das dulden, vil weniger begeren, den also vertrawen einem menschen in den dingen ewige seligkeit betreffend, das ist nit anderst, dan auß den creaturen abgoetter machen und sie in die rechte eer gottes setzen. Deshalben bit ich untertenig, ewer Churfurstlich, Furstlich Gnad und gunsten wollen sollichs mein furbehalten nit in ungnaden und als auß boeßem mißtrawen erwachsen versteen, sunder auß oben ingefierter heiliger schrift, der pillich manicklich gehorsam ist und sein sol. dan mein untertenigs vertrawen und starke zuversicht mag man auß dem leichtlich ermessen, das ich auf Kei. Ma. und ewer gnaden und guensten erforderung und geleit unterteniglich erschinen bin, wiewol zuvor meine bucher von meinen abguennern verbrant und darunter ein Mandat wider mich und meine schriften in Kei. Ma. namen an vil orten und enden angeschlagen worden ist, welchs pillich einen sollichen armen Muench solt zurugkgeiagt haben, wa nit mein herz zu got, Kei. Ma., E. C. und F. G. und dem ganzen reich sich so vil gnaden und gutes untertanigklich vertrewlich versehen hett und noch versich. weil ich dann in keinen wegk hab moegen erlangen, mein schriften durch das goetlich wort zu verlegen, und also hab mussen abscheiden, und der mangel allein an dem gewest, das man die irrigen artickel, so in meinen buechern sein sollen, mit goetlichen schriften nit hat wollen erweisen oder verlegen, noch gestaten, bewilligen, oder mich vertroesten und zusagen, das meiner buecher erkundigung und erkantnus mit grund des heiligen wort gotes beschehen und ergen solt, demnach tu ich Kei. Ma. und ewern Churfurstlichen, Furstlichen gnaden und gunsten undertanigste danksagung irer gnedigen erzeigung und sicheren, freien, gestrackten geleitz, so sie mir zu Worms gehalten und biß widerumb an mein gewarsam zu halten gnedicklich entpotten. Und ist an ewer Churfurstlich, Furstlich gnaden und

gunst abermals umb gots willen mein undertenist bit, E. C. G. und gunst wolle mich gegen Kei. Ma. gnedicklich furpitten, das ir Kei. Ma. uber mein vilfaltigs vorigs und jetziges undertenigs und Christlichs erpieten durch meine abgunstigen mich nit woelle vergeweltigen, vervolgen noch verdammen lassen, dann ich bin nochmals inn undertenickeyt urpeutig[12], auf Kei. Ma. genugsam versicherung fur unverdechtigen, unparteischen, gelerten, geistlichen und weltlichen richtern furzukommen, durch Kei. Ma., das Reich, die Concilien, die Doctores oder wer das zu tun vermag oder willig ist, mich underweisen zu lassen, mein leer und buecher jedermann willicklich zu untergeben, erkantnuß zu leiden und anzunemen, nichts außgeschlossen dann allein das heilig, frei, lauter und klar wort gottes, das billich soll obschweben und aller menschen richter bleiben. Darumb ich nit allein meinethalben, an dem nichts gelegen ist, sonder von wegen des heils gemeiner Christenheit undertenicklich bitt, woelches auch mich verursacht hat, dise mein undertenige geschrift zuruckzuschicken, dann ich von herzen gerne wolt, das Kei. Ma., dem heiligen Reich und gemeiner Teuschen nation geholfen und sie in gottes gnaden selicklich erhalten wurden, das ich bißher nechst gottes ehr und gemeiner selickeit der ganzen Christenheit und gar nichts das mein gesucht hab und nochmals such, Ob ich auch gleich durch meine mißgunstige verdampt wurd. Dann weil Christus, mein Herr und got, fur seine feind am Creuz gebetten hat, wie viel mehr ich fur Kei. Ma., E. C. G. und das ganz heilig Reich, mein allerliebeste herren, oberkeiten, und Teuschen nation, zu denen ich mich allergnaden, zuvor auf vorigs und jetzigs mein Christlichs erbitten, undertenicklich und troestlich versich, sorgen, bitten und betten solle. befil ich hiemit mich in E. C. F. G. und gunst in allem gehorsam, welches E. C. F. gnad und gunst der al-

[12] erbötig, willig. Der lat. Text bietet: paratissimus (309,100)

mechtig gott uns allen zu heil und trost im loß gnediglich bevolhen sein. Amen. Geben zu Fridburgk am Sontag Cantate im M.D.XXi.

E. C. F. Gnaden und gunst
undertеniger Capellan
Martinus Luther

Das Wormser Edikt

vom 8. (25.) Mai 1521

Die Räte des Kaisers standen nach der vorläufigen Erledigung der Angelegenheit Luthers vor dem Reichstag am 19. 4. weiterhin mit den Reichsständen in Verhandlungen. Nach einer diesbezüglichen Unterredung am 30. 4. erhielt Aleander die Weisung des Kaisers, in der Sache des sich nicht für überwunden haltenden Mönchs einen Mandatsentwurf vorzulegen.

Nachdem die so zustande gekommene Ausarbeitung noch einige Veränderungen erfahren hatte, wurde sie von dem Nuntius am 8. 5. dem kaiserlichen Kanzler Gattinara überreicht.

Ohne daß die Reichsstände damit befaßt worden waren – die Mehrzahl von ihnen war bereits aus Worms abgereist –, erhielt Aleander von der kaiserlichen Kanzlei die Ausfertigungserlaubnis noch am selben Tage.

Der Kaiser, zur Unterzeichnung gebeten, wollte nun doch das gewichtige Dokument den Reichsständen vortragen. Aleander fürchtete eine Abschwächung des Textes, wenn dies geschähe. Immerhin kam das Edikt, das in den Reichstagen der zwanziger Jahre eine bewegte Geschichte haben sollte, am 25. 5. in der Wohnung des Kaisers zur öffentlichen Verlesung.

Nachdem Kurfürst Joachim I. von Brandenburg als Sprecher der Reichsstände die Zustimmung für den vorgetragenen Text ausgesprochen hatte, unterschrieb der Kaiser die lateinische und deutsche Fassung am 26. 5.

Der dann wirklich gedruckte und seit August 1521 publizierte deutsche Text weist allerdings Abweichungen von den Originalfassungen auf. Die Differenzen zwischen der päpstlichen und kaiserlichen Seite auf der Reichsversammlung machen sich bis in die ‚Emendationen' hinein bemerkbar, indem die veröffentliche Fassung in deutschen Landen Aleanders Ausarbeitungen zugunsten einer stärkeren Betonung kaiserlicher Autorität korrigiert.

(Der Abdruck erfolgt nach: RA II, 643,19–659,2)

Wir Karl der funft. . . .[1] Nachdem unserm Römischen kaiserlichen ambt zusteet, nit allein den gezirk des heiligen Römischen reichs, so unser forfarn der Deutschen nation, um der heiligen Römischen und gemeiner kirchen beschirmung willen, durch die götlich gnad mit irem schweren blutvergiessen an sich bracht haben, in ausdilgung und undertruckung der unglaubigen zu erweitern, sonder auch nach der regel, die von der heiligen Römischen kirchen bisher gehalten ist, fürsehung zu thun, das kain befleckung der ketzerei oder arkwon in dem Römischen reiche unsern hailigen glauben verunraine, oder ob der einiche jetz angefangen hete, mit allem vleis, guten mitteln und bescheidenheit, so in solichem fürzunemen sein, auszudilgen: desshalben bedenken wir, wo solichs je einem unsern vorfaren zu thun gebürt, das uns die bürde desselben vil höher und mer aufgelegt ist, nachdem des almechtigen gotes unmessliche gutigkait zu beschirmung und merung seines hailigen glaubens uns mit vil künigreichen und landen und merern macht dann vor manig jaren je einen unsern forfarn am reiche fürsehen und begabt hat, dieweil wir auch von vaterlichem stammen aus den allerchristenlichisten kaisern und erzherzogen zu Osterreich und herzogen zu Burgundi, und dann aus und mueterlichem stammen aus den cri[st]glaubigisten Hispanischen, Sicilianischen und von Jerusalem künigen entsprungen sein, welcher claren thatten gedechtnus, durch si für den christenlichen glauben geübt, nimer abgeen wirde: darumb wo wir etliche ketzereien, so innerhalb dreien jaren in Deutscher nation entsprungen und vormals durch die hailigen concilien und der bäbst satzungen mit gemainer kirchen verwilligung warlich verdampt und itz von neuem aus den hellen gezogen sein, diefer einwurzeln

---

[1] Der Briefeingang hat den gleichen Wortlaut wie derjenige zu dem kaiserlichen Ablieferungsmandat und Handelsverbot für Lutherschriften vom 10. 3. 1521

lassen und aus unser versaumnus verhengen und gedulden, so wurde unser gewissen merklich beswert und unsers namen ewige glori in glückseligem eingang unser regierung mit ainem dunklen nebel umbfangen.
Dieweil nu ungezweifelt, auch allen unvorborgen ist, wie weit die irrungen und ketzereien von dem christenlichen Weg abweichen, so einer genant Martin Luther, Augustiner ordens, in der christenlichen religion und ordnung, sonderlich in der durchleuchtigen Deutschen nation, als ainer unaufhörlichen zerstörerin alles unglaubens und ketzerei, einzufüren und zu beflecken understeet, in der gestalt, wo dem fürderlich nit begegent, das dadurch dieselb ganz Deutsch nation und nachmals durch soliche einwurzlung all ander nation in ein unmenschliche zertrennung und erbärmlichen abfall guter sitten, des fridens und christenlichen glaubens kumen wurden; desshalben nit unbillich unser hailiger Vatter, babst Leo der zehend, der hailigen Römischen und gemainen christenlichen kirchen obrister bischoff, dem die sorg und fürsehung der sachen, so den christenlichen glauben antreffen, sonderlich zusteet, bewegt worden ist, denselben Luther anfenklich vätterlich und miltiglich zu warnen und zu ermanen, sölicher bösen anfeng abzusteen und die ausgepraiten irrsalen zu revocieren, und als er das underlassen und darüber je lenger je bösers geübt, hat sein Hailigkeit understanden, dagegen fueglich und nit ungebreuchlich mittel und weg fürzunemen. Und darauf zu mermalen die cardinäl, bischoff und ander prelaten, auch der regulierten orden priorn und generalminister und vil ander treffenlich, redlich leut, aller erberkeit, kunst und wissenhait erfarn, dessgleichen vil ander christenlich[er] nation doctor und maister erfordert und berueft und denselben Martin Luther darzu citiert, und als er ungehorsamlich ausbelieben ist, all sein schriften, so in Latein und Deutsch ausgegangen sein und noch ausgeen werden, als schedlich und dem glauben und ainigkait der kirchen ganz

widerwertig verdammet uns aus bäpstlichem gewalt mit rat und willen der gedachten cardinäl, zeitlicher erwegung bischoff, prelaten, doctores und maistern allenthalben zu verprennen und genzlichen zu verdilgen gebotten und daneben denselben Luther, es sei dann, das er innerhalb einer bestimpten zeit nach eröffnung seiner Hailikeit decret beweise, das er seiner irrsal reu, auch die verwandelt und revociert hab, als einen sun der ungehorsam und bosheit und als einen zertrenner und ketzer von meniglichem zu meiden und nach satzung der recht geordnet und gesetzt, bei den peenen in bäbstlichen bullen begriffen, die sein Heilikeit uns, als des christenlichen glaubens waren und obristen beschirmer und des heiligen bäbstlichen stuls und der Römischen und gemeinen cristenlichen kirchen advocaten durch sein und desselben stuls orator[2] und botschaft, so sein Hailikeit deshalben sonderlich zu uns verordent, zugesandt hat, mit beger und erforderung unsern pflichten nach und aus oberkeit und gerechtigkeit unsers kaiserlichen ambts seiner Hailikeit in solichem unser hilf des weltlichen schwerts zu rettung des christenlichen glaubens mitzetailen und allenthalben im hailigen Römischen reiche, auch, als ainem christglaubigen künig und fürsten wol gezimet, in unsern erblichen künigreichen und fürstenthumben und landen und sonderlich in Deutscher nation zu bevelhen und zu gebieten, alles und jedes, so in seiner Hailigkeit bullen[3] begriffen ist, unübertretlich ze halten und darin execution und volziehung ze thun. Und wiewol wir söliche ermanung nach uberantwortung der bäbstlichen bullen und zuletst die verdamnus des Luthers an

---

[2] Sprecher. Gemeint ist der Nuntius des Papstes

[3] Die Bannandrohungsbulle Exsurge Domine vom 15. 6. 1520. Der erste kaiserliche Ediktsentwurf gegen Luther vom 15. 2. 1521 zeigt bereits ein deutliches Engagement der weltlichen Gewalt, die Bulle zu vollziehen. Inzwischen war der Bann über Luther ausgesprochen worden (3. 1. 1521)

vil orten in Deutscher nation verkündet, auch in unsern Nidern-Burgundischen landen und sonderlich zu Cöln, Trier, Meinz und Lüttich zu exequiren und zu volziehen gebotten haben, so hat sich doch Martin Luther darüber nit allein nit erkennet, gebessert, noch sein irrsal revociert, noch von bäbstlicher Heiligkait absolution und widerumb in der heiligen christenlichen kirchen gnad begert, sondern seins verkerten gemüts und verstands vil böser frucht und würkung, wie ein wüettender in ein offenbare underdruckung der hailigen kirchen einfallend, durch vil gehaufte bücher, die nit allein neuer, sonder vormals von den hailigen concilien verdambten ketzereien und gotslesterungen vol sein, in Lateinischer und Deutscher sprach aus ime selbst oder zum wenigsten under seinem namen gemacht, teglichen ausgebreitet, darin er von der heiligen kirchen so lange jar gehalten der siben sacramenten zal[4], ordnung und gebrauch zerstöret, umbkert und verletzet und die unzerstörlichen gesetz der heiligen ee in wunderbarlich weg schentlich beflecket; sagt auch, das die hailig olung ein erdicht ding sei. Er will auch den brauch und der unaussprechlichen heiligen sacrament niessung zu der verdampten Beheim[5] gewonheit und gebrauch ziehen und verwickelt anfenklich die peicht, die den herzen, so mit sünden befleckt oder beladen sein, am allernutzparlichsten ist, dermassen, das daraus kein fundament noch frucht mag genommen werden; zum lesten droet er weiter von der peicht sovil ze schreiben, wo das gestattet, das nit allein gar niemands sein, der aus solichen seinen aberwitzigen schriften

[4] Die 7-Zahl der römischen Sakramente hatte Luther vornehmlich in einer seiner reformatorischen Hauptschriften aus dem Jahre 1520 (De captivitate Babylonica ecclesiae praeludium) angegriffen

[5] Unter den ‚Böhmen' ist die hussitische Bewegung (Utraquisten) zu verstehen, die u. a. die Nießung des Abendmahls unter beiderlei Gestalt forderte

nit understeen wirdet ze sagen, die peicht unfruchtbar zu sein, sunder auch wenig sein, die nit predigen werden, das nit zu beichten sei. Er haltet auch nit allain priesterlich ampt und orden auf das allergeringest, sonder understeet auch, die weltlichen laischen personen zu bewegen, ir hende in der priester blut zu waschen; und nennet den obristen unsers christenlichen glaubens priester, des hailigen sant Petrus successor und christi waren vicarien[6] auf erden, mit verleumbten und schentlichen worten und verfolget ine mit manigfaltigen unerhörten pheindschriften und schmehungen. Er bestetiget auch aus der heidenischen poeten gedicht, das kain freier will sei, der mainung, das alle ding in einer gewissen satzung steen; und schreibt, das die messhaltung niemunds zu gut kome, dann dem, der si volbring. Darzu umbkert er den gebrauch, so mit vasten und gebet von der hailigen kirchen aufgesetzt und bisher gehalten worden ist. Sonderlich veracht er auch der heiligen vätter auctoriteten, die von der kirchen angenommen sein. Und nimbt genzlichen hinweg die gehorsam und regierung und schreibt beileuftig gar nichts anders, das nit zu aufrur, zertrennung, krieg, totsleg, rauberei und prand und zu ganzem abfall des christenlichen glaubens reich und diene. Dann wie er lernet ain frei, aigenwillig leben, das von allem gesetz ausgeschlossen und ganz vihisch, also ist er ain frei, aigenwillich mensch, der alle gesetz verdambt und undertruckt, wie er dann die decreta und geistliche gesetz offenlich zu verprennen kain entsetzung oder scheuhe gehabt hat[7]. Und wo er das weltlich swert nit mer dann des babst pann und peene geförcht, so het er dem weltlichen rechten vil bösers gethan. Er schamet sich auch nicht,

---

[6] Nachfolger des Petrus und Stellvertreter Christi

[7] Hier wird auf Luthers Verbrennung von Teilen des kanonischen Rechts und der Bannandrohungsbulle am 10. 12. 1520 vor dem Elstertor in Wittenberg angespielt

jetz wider die hailigen concilien offenlich zu reden und die nach seinem willen zu smelern und zu verletzen, aus den er sonderlich das concili zu Costenz allenthalben mit seinem beflecten mund swerlichen antastet und nennet das, der ganzen christenlichen kirchen und Deutscher nation zu smach und vercleinung, ein sinagog des teufels und dann die, so darin gewesen sein und Johansen Hussen umb seiner ketzereischen handlung willen zu verprennen verordent haben, nemlich unsern vorfarn kaiser Sigmunden[8], auch des heiligen reichs fürsten und gemaine versammlung, entchristen und des teufels appostel, totsleger und phariseier und sagt, das ales das, so in demselben concili von des Hussen irrsal wegen verdampt, christenlich und ewangelisch sei, und vergicht[9] das anzunemen und zu beweren. Aber die artickel, so dasselb concili angenommen und beslossen hat, will er kainswegs zulassen und ist mit seinem gemüt in ein soliche unsinnigkeit gefallen, das er gloriert, sei der gedachte Huss einmal ein ketzer gewesen, so sei er zehen mal ein ketzer. Und damit alle ander des Luthers unzalpar bosheit umb kürze willen unerzelt beleiben, so hat diser ainiger, nit ein mensch, sonder als der böss veinde in gestalt eins menschen mit angenomer münchskuten, manicher ketzer aufs höchst verdampter ketzereien, die lange zeit verborgen beliben sein, in ein stinkende phützen zusammen versamelt und selbs etliche von neuem erdacht, in schein, das er predig den glauben, den er meniglichen mit solichem hohen vleis einbildet, damit er den waren, gerechten glauben zerstöre und under dem namen und schein der ewangelischen lere allen ewangelischen frid und liebe, auch aller gutten ding ordnung und die allerzierlichst christlich gestalt umbkere und niderdrucke.[10]

---

[8] Sigismund hatte das Zustandekommen des Konstanzer Reformkonzils 1414–1418, das Huß verbrannte, außerordentlich stark betrieben
[9] Andere Textversion: verjcht

Solchs alles haben wir zu herzen gefast und in kraft unsers kaiserlichen ambts und wirdigkait, damit wir von got fürsehen sein, darzu aus sonder lieb und zunaigung, so wir wie unser vorfaren zu beschirmung, aufenthalt und hanthabung des christenlichen glaubens, auch des Römischen bischofs und hailigen stuls ere haben und tragen, betrachtet, das uns sonderlich uber obgemelt bäbstlichen Hailigkait ermanung und ersuchen, on unser merkliche nachred und der ganzen christenheit smach und schaden, in einer solichen grossen und erschrockenlichen handlung nachlesig zu sein nit gebüren welle, als wir auch nit thun sollen und unser will und gemüet nie gewesen ist, sonder wir wöllen vil mehr in unser vorfarn Römischer kaiser fuestapfen treten und iren hochberümpten thaten, so si zu beschirmung der christenlichen kirchen volbracht haben, nachvolgen und den loblichen constitutionen, so zu straff und verdilgung der ketzer gemacht sein, anhangen. Und haben sonderlich diser sachen halben unser und des heiligen reichs churfürsten, fürsten und stende jetz hie zu Wormbs zu mermalen zu uns berüeft und dieselb sachen mit hohem vleis, wie dann die merklich notturft erfordert, treffenlichen bewegen und mit einhelligem rat und willen uns diser nachvolgenden mainung vereint und entschlossen, in der gestalt: wiewol einem so verdampten und in seiner verstopften verkerung verharten und von dem prauch der christenlichen kirchen abgesunderten menschen und offenbaren Ketzer verhör ze geben in allem rechten ausgenomen ist, das wir alle unnutze reden abzuschniden, sonderlich dieweil etlich offenlich vermainen, das in des Luthers namen vil bücher geschriben und gedruckt worden, die von ime nit gedicht oder ausgangen sein sollen, und auch etlich vermaint,

---

[10] Die genannten Ketzereien waren fast alle in der Bulle Exsurge Domine und in der Anklagerede Aleanders am 13. 2. 1521 bereits aufgezählt worden

den Luther zuvor und ehe wir weiter gegen ime procedirn, billich zu hören, ine zu uns erfordern und mit freiem gelait fürsehen sollen. Darauf wir ine auch an unsern hoff berüeft und durch einen unsern herold mit schriftlichem gelait hieher zu uns kommen lassen und in unser und aller obgemelten unser und des reichs churfürsten, fürsten und stende personlichen gegenwurtigkeit fragen lassen: ob er die bücher, die ime datzemal under augen gelegt sein, auch ander bücher, die in seinem namen umbgetragen werden, gemacht hab, und ob er das, so in solichen büchern wider die hailigen concilien, decret, brauch und gewonhaiten von unsern voreltern bis auf disen tag gehalten worden, begriffen sein, revociern und widerumb zu der schoss und einigkeit der hailigen kirchen komen wölle. Und ist ime söllichs mit dergleichen mainung und ermanung fürgehalten, die den verstoptisten menschen und herter dann ein stein erweichen und bewegen möchten. Und alspald er dieselben bücher gehört, hat er die für seine bücher bekant und verjehen und darauf protestiert, das er die nimmermer verleugnen well, und darzu geret, das er noch vil mer ander bücher gemacht hab, die wir hierin, dieweil wir der kain wissen tragen, nit angezaigt haben. Aber berürend die revocation hat er ainer zeit begert; und wiewol ime die billichen wer abgeslagen worden, so doch wider die neuerung und irrsal im glauben on allen verzug gehandelt werden soll und er aus unserm vordern mandat und unserm schreiben an ine ausgangen, die beide im gewiss uberantwort sein[11], clerlichen vernommen hat, umb wellicher ursachen willen er zu uns erfordert ist, und er desshalben für unser und der stend angesicht on beraite antwort nit komen sein solt, nichtsdestminder haben wir aus miltigkeit und gütigkeit ime einen tag zugegeben.

[11] Die kaiserliche Zitation vom 6. 3. 1521 und das kaiserliche Abliefe-rungsmandat und Handelsverbot für Lutherschriften vom 10. 3. 1521

Und nach Verscheinung desselben tags ist er widerumb vor uns und des reichs stenden erschinen und mit vleissiger ermanung wie vor ersucht worden, in sich selbs zu geen, mit unserm zusagen, so er das, so in seinen büchern verdambt und böss wer, revociert, das er widerumb in unsers hailigen vater babst huld und gnad komen soll und wir auch daran sein wöllen, das sein Hailigkeit aus jeder christenlichen nation zwen treffenlich mann ains gutten lebens und hoher lere [verordne, die] seine bücher vleissiglich ubersehen und das böss daraus thun, und was guet wäre, dasselb solte die bebstliche Hailigkeit approbiern. Aber uber das alles hat er soliche revocation nit thun, noch unser gnedig erbieten nit annemen wöllen, sonder das ganz abgeschlagen und mit dergleichen ungebürlichen worten und geberden, die keinem sinnigen und regulierten geistlichen kainswegs gezimen, offenlich gesagt, er wölle in seinen büchern nit ein wort endern. Und also in unser und der stende gegenwart die hailigen concilien unmiltiglich und unverschambt verspot, verdambt, geschmecht und genzlichen verachtet und zuvor das zu Costenz, so der Deutschen nation zu ewiger ere den friden und ainigkeit wider gegeben; er werde dann mit disputation, die er auf vertröstung unsers gelaits begert, unangesehen, das er gut wissen hat, das die in götlichen und menschlichen rechten verbotten sein, uberwunden. Und wiewol wir auf solich unmilte antwort, die nit on kleine beschwerung unser und der stende gemüet, auch des gemainen volks ergernuss gehort worden ist, aus beweglichen ursachen fürgenomen heten, von stund darauf zu ferrern mitteln zu greifen, in gestracks widerumb abscheiden und heimziehen zu lassen, inmassen wir solch unser meinung, mit aigner hand geschriben[12], des nachvolgenden tags haben eröffnen lassen, so sein wir doch durch der

[12] Die bekenntnisartige Erklärung des Kaisers vom 19. 4. 1521 in französischer Sprache

obgemelten churfürsten, fürsten und stende hochs ansuchen[13] bewegt worden, das wir ime noch drei tage, sich zu bekeren, frist gegeben haben. Und sein darzwischen zwen churfürsten, auch zwen gaistlich und zwen weltlich fürsten und dann zwen von unsern und des reichs stetten verordent worden, die aus befelich und von wegen der gemeinen reichsversamlung den gedachten Luther für sich erfordert und mit gueter warnung, ermanung und underweisung und allem dem, so müglich und dienstlich ist, ine zu bekeren nichts underlassen, mit anzaigung wo er sich nit bekere, in was scheren straff er bei uns und dem hailigen reiche, auch nach ordnung der recht fallen werde. Und als solicher vleis und ernst bei im unfruchtbar gewesen ist, hat unser churfürsten einer[14] zwen güetig und kunstreich doctores zu ime genomen und mitsambt denselben, auch selbs allain insonderheit, nit allain mit hoher ermanung, sonder auch scheinparlicher anzaigung manicherlai sein, des Luthers, irrsal understanden, in zu bewegen, das er mer ansehe unsers heiligen vaters babsts, desgleichen unser und aller reichsstende, auch ander christglaubigen nation gebrauch, den si nach ordnung der christenlichen kirchen so lange jar hergebracht haben, dann sein ainigen sinn; mit dem anhang, wann er von derselben seiner ainsinnigkeit abweiche und sich widerumb bekere, werde er befinden und erkennen, das solichs aus ainem loblichen exempel vil hailiger väter und zu behaltung seiner seel, ere und leibs geschehe. Darauf, als wir glaublichen bericht sein, solle Martin Luther geantwort haben, das er nit allein alle jetzgemelte personen, sonder

[13] Votum der Reichsstände vom 20. 4. (ebenfalls in französisch), das die weiteren Verhandlungen mit Luther bis zum 25. 4. ermöglichte

[14] Der Erzbischof von Trier und Kurfürst Richard von Greifenklau leitete die Nachfolgeunterredungen mit Luther am 24. und 25. 4. Er hatte den Kanzler des Markgrafen von Baden, Dr. Vehus, der auch einen Bericht über die Verhandlungen verfaßte, und den Abgesandten der Stadt Augsburg, Dr. Peutinger, herangezogen

auch ain germain concilium (ob gleichwol ains sein wurde) verdechtlich und arkwenig[15] halte, und das er aus seinen Schriften nit die wenigist silben verwandeln wolle, wie er vormals in unser und des reichs stende beiwesen auch gethan het, es sei dann, das er von ainem gelerten mann uberwunden werde, doch nach seiner regel und nit aus den concilien, noch aus kaiserlichen oder gaistlichen gesetzen, noch auch aus ainicher väter auctoriteten, wie hailig die sein, sonder allein aus den worten der hailigen schrift, die er vermaint nach seinem sinn zu ersettigung seines zufelligen gemüts verstanden werden sollen; uber das clar und offenbar ist, das aus denselben auctoriteten, die zu erfüllung des, so in baiden testamenten nit gemeldet oder ausgedruckt, sein, bisher die hailig christenlich kirch geregiert worden ist.
Wann sich nu die sachen dermassen verlaufen hat, und Martin Luther also ganz verstopft und verkerlich in seinen offenbaren ketzerischen opinionen verharret und dadurch von allen den, die gotsforcht und vernunft haben, unsinnig oder das er mit dem pösen gaist besessen were, geacht und gehalten wirdet, haben wir ine laut unsers glaits auf den fünfundzweinzigisten tag des monats aprilis negstverschienen, von stund von unserm angesicht hinweg ziehen lassen und ime widerumb ein herolt zugeordnet, also das er von demselben fünfundzweinzigisten tag aprilis an zu rechen, zweinzig tag die negsten darnach volgend unser frei, sicher glait haben und dasselb unser glait nach verscheinung[16] solicher zweinzig tag aus sein und ine lenger nit furtragen solle, und zuletzt darauf zu andern füeglichen remedien[17] wider dise swere, giftige sucht zu procedieren gegriffen, wie hernach volgt: Am ersten zu lob dem almechtigen und beschirmung des christen-

[15] ark(g)wenig = Schlimmes vermutend, beargwöhnt
[16] Ablauf einer Frist
[17] Heilmittel

lichen glaubens, auch des Römischen bischofs und stuls gebürlichen ere, in craft des ambts unser keiserlichen wirdigkeit, hochheit und auctoritet, darzu mit einhelligem rat und willen unser und des heiligen reichs churfürsten, fürsten und stende jetzo hie versamelt[18], haben wir zu ewiger gedechtnus diss handels, zu volstreckung des decrets, sentenz und verdamnus laut der bullen, so unser hailiger vater babst, als diser sachen ordenlicher richter, hat ausgeen lassen, den gedachten Martin Luther, als von gots kirchen abgesündert gelide und einen verstopten zertrenner und offenbarn ketzer von uns und euch allen und jedem insonderheit zu achten und ze halten erkennet und ercleret und thun das wissentlich in kraft diss briefs. Und gebieten darauf euch allen und jedem besonder bei den phlichten, damit ir uns und dem heiligen reiche verwandt seit, auch vermeidung der peene criminis lese maiestatis[19] und unser und des reichs acht und aberacht und darzu privirung[20] und entsetzung aller regalia, lehen, gnaden und freihaiten, so ir bisher von unsern vorfarn, uns und dem hailigen reiche in einichen weg gehebt, von Römischer kaiserlicher macht ernstlich mit diesem brief und wöllen, das ir samentlich und sonderlich nach verscheinung der oberürten zwainzig tag, die sich auf den vierzehenden tag ditz gegenwurtigen monats mai enden, den vorgemelten Martin Luther nit hauset, hoffet, etzt, drenket, noch enthaltet, noch ime mit worten oder werken haimlich noch offenlich kainerlei hilf, anhang, beistand noch fürschub beweiset, sonder wo ir ine alsdann ankomen und betretten und des mechtig sein mügt, in fenklichen annemet und uns wolbewart zusendet, oder das zu thun bestellet, oder uns das zum wenigisten, so er zu

[18] Die Reichsstände waren allerdings größtenteils bereits nicht mehr in Worms, als das Edikt endlich am 25. 5. verlesen wurde

[19] Strafe für Majestätsverbrechen

[20] Beraubung, Fortnahme

handen bracht wirdet, unverzogenlich verkündet und anzaiget und ine dazwischen also fenklichen behaltet, bis euch von uns beschaid, was ir ferrer nach ordnung der recht gegen ime handeln söllet, gegeben und ir umb solich hailig werk, auch euer müe und costen zimliche ergetzlichait emphahen werdet. Aber gegen seinen mitverwandten, anhengern, enthaltern, fürschiebern, gönnern und nachvolgern und derselben beweglich und unbeweglich güeter sollet ir in craft der hailigen constitution und unser und des reichs acht und aberacht diser weise handeln: nemlich si niderwerfen und fahen und ire güeter zu eurn handen nemen und die in eurn aigen nutz wenden und behalten on meniglichs verhinderung, es sei dann, das si durch glaublichen schein anzaigen, das si disen unrechten weg verlassen und bäbstliche absolution erlangt haben.

Ferrer gebieten wir euch allen und eur jedem insonders bei den vorgeschriben peenen, das eur kainer des obgenannten Martin Luthers schriften, von unserm hailigen vater babst, wie obstet, verdambt, und all ander schriften, die in Latein und Deutsch oder in ander sprach bisher durch ine gemacht sein oder hinfür gemacht werden, als böss, argwenig und verdechtlich und von einem offenbarn, hartneggichen ketzer ausgegangen, kauf, verkauf, lese, behalt, abschreib, druck oder abschreiben oder drucken lasse, noch seiner opinion zufall, die auch nit halt, predig noch beschirme, noch das in ainig ander weg, wie menschensinn das bedenken kan, understee, unangesehen ob darin etwas guts, den ainfeltigen menschen damit zu betriegen, eingefürt were. Dann wie die allerpeste speis, so mit ainem clainen tropfen gifts vermischet, von allen menschen gescheuhet, sovil mer sollen soliche schriften und bücher, in den so manig der seelen gift und verdambnus eingefürt sein, von uns allen nit allein vermitten, sonder auch die von aller menschen gedechtnus abgethan und verdilgt werden, damit si niemands schaden oder ewig-

lich tödten; dieweil doch sonst vormals alles das, so gut in seinen büchern geschriben, von den heiligen vätern, die von der hailigen christenlichen kirchen angenommen und approbiert sein, zu mermalen angezaigt ist und on alle sorg und arkwenigkait einichs ubels mag gelesen und gehalten werden. Darzu sollet ir all und eur jeder, in was wirden, stats oder wesens der sei, und sonderlich die, so oberkeit oder gerichtszwang haben und gebrauchen, bei vermeidung vorberürter peen, allenthalben im hailigen Römischen reiche, auch unser erblichen fürstenthumben und landen mit der that ernstlich ordnen, straffen, gepieten und bestellen, all und jeglich solich obbestimpt des Luthers vergift schriften und bücher, als die so dienen zu ainem grossen auflauf, schaden, zertrennung und ketzereien in gotes kirchen, mit dem feur zu verbrennen und in den und ander weg genzlichen abzethun, zu vernichten und zu verdilgen. Dessgleichen söllet ir der bäbstlichen Hailigkeit botschaften oder iren verordenten commissarien in söllichem auf ir anlangen und ersuchen mit allem vleis und treuen beisteen, und nichtdestminder in derselben abwesen diss alles und jedes also zu geschehen, zu exequiern[21] und zu volbringen aus unserm geheiss und bevelich thut und handelt. Daneben gebieten wir allen andern unsern und des reichs, auch unser erblichen fürstenthumb und lande underthanen und getreuen ernstlich mit disem brief, das ir den obgemelten stenden und oberkaiten gleich uns selbs in solichem hilflich, beistendig, gehorsam und gewertig seit, bei vermeidung der angezaigten penen, straffen und pussen.

Und nachdem die merklich notturft erfordert fürzekumen und zu verhüten, das des Luthers bücher oder böss auszug derselben, so in anderer namen, darin sein als des dichters namen nit gemeldet wirdet, ausgeen, noch sunst vil ander

---

[21] verfolgen, ausführen

bücher, die, als wir mit beschwerung unsers gemüts bericht, den merern tail in Deutsch landen gemacht und gedruckt und böser leren und exempel vol sein, hinfür nit mer geschriben noch gedruckt werden, damit die christglaubigen weiter aus verlesung derselben nit in grössern irrsall des glaubens, lebens und gueter sitten fallen und ergerung, neid und hass in gotes kirchen daraus entspringe, wie sich bisher augenscheinlich erzaigt hat, daraus teglichs je lenger je mer in künigreichen, fürstenthumben und landen auflauf, zertrennung und ungehorsam zu besorgen ist: demnach soliche schedliche, verderbliche sucht auszudilgen, gepieten wir abermals mit rat und willen unser und des reichs churfürsten, fürsten und stende bei vorgedachten sweren penen, straffen und pussen, euch denselben unsern und des reichs und unser erblichen fürstenthumb und lande unterthanen allen und euer jeden als Römischer kaiser und erblicher herr, das hinfür eur kainer soliche smach und vergifte bücher, noch ander zedl oder abschriften, als die so unserm hailigen glauben irrsal gepern und dem, das die heilig christenlich kirch bisher gehalten hat, widerwertig sein, auch veinds- und schmachschriften wider unsern hailigen vater babst, prelaten, fürsten, hohe schulen und derselben faculteten und ander ersam personen und was inhaltet das, so sich von den guten siten und der heiligen Römischen kirchen abwendet, nit mer dichte, schreib, druck, male, verkauf, kauf, noch heimlich oder offenlich behalte, noch auch nit drucken, abschreiben oder malen lasse, noch das in kein ander weise, wie immer erdacht werden mag, nit gestat, verhenge noch verschaffe. Dessgleichen gepieten wir ernstlich bei angezaigten peenen allen den, so zu der justici verordent und gesetzt sein, das si alle jetzgemelte schriften, bücher, zedl und malerei, so bisher gemacht sein und hinfür geschriben, gedrückt und gemalet werden, si seien wes si wöllen, wo man die findt, durch das ganz heilig reiche und unser erblande in kraft ditz un-

sers gebots von unsern wegen annemen, zerreissen und mit offenlichem feur verprennen; auch der Dichter[22], schreiber, drucker und maler, auch verkaufer und kaufer solicher schentlicher schriften, bücher, zedeln und malereien, die darin nach verkündung unsers gegenwürtigen keiserlichen gebots verharren oder desshalben ichts fürzenem understeen, wo das offenbar ist, leib, güter und gerechtigkeiten, wo ir die bekumen mügt, annemet, fahet und behaltet und damit nach eurm gefallen handelt. Des sollet ir gut fueg und recht und damit wider niemands gethan, noch gehandelt haben, noch jemands darumb weder inner- noch ausserhalb rechtens ze antworten nit schuldig sein. Damit auch solichs alles und ander ursachen künftiger irrsal abgesniten, und die gift der, so soliche schriften dichten und machen, ferrer nit ausgeprait und die hochberümbte kunst der druckerei allein in guten und löblichen sachen gepraucht und geübt werde, so haben wir weiter aus kaiserlicher und küniglicher oberkeit und rechtem wissen, auch mit ainhelligem rat unser und des reichs churfürsten, fürsten und stende bei unser und des reichs acht und aberacht und andern vorberurten peenen geboten, gebieten auch sollichs wissentlich in kraft ditz unsers edicts, das wir hiemit für ain unzerbrochenlich gesetze ze halten erkennen, das hinfüro kein buchtrucker oder jemands ander, er sei wer oder wo er wölle, in dem hailigen Römischen reiche, auch in unsern erbkünigreichen, fürstenthumben und landen kain bücher, noch ander schriften, in den etwas begriffen wirdet, das den christenlichen glauben wenig oder vil anrüret, zum ersten druck nit drucke on wissen und willen des ordinarien[23] desselben orts oder seines substituten und verordenten, mit zulassung der facultet in der hailigen geschrift einer der nechstgelegnen universitet. Aber ander

[22] Hier: Schriftsteller

[23] Der zuständige Diözesanbischof

bücher, sie seien in welicher facultet und begreifen was si wöllen, die sollen mit wissen und willen des ordinarien und ausserhalb desselben kainswegs gedruckt, verkauft, noch ze drucken oder zu verkaufen understanden, verschaffet noch gestatet werden, in kain weise. Ob aber jemands, in was wirden, stats oder wesens der were, wider dise unser christenliche und kaiserliche meinung, decret, statut, gesetz, ordination[24] und gebot, die auch ganz und unzerstörlich sollen gehalten werden, in ainem oder mer vorgeschriben artickeln, so die materi des Luthers oder der druckerei betreffen in einichen weg, wie menschensinn das erdenken möcht, freventlich handelt und thete, uber das wir solichs vernichten und kraftlos machen, wider dieselben wellen wir, das mit den vorgeschriben, auch den penen in den rechten eingeleibt, und nach form und gestalt des panns und kaiserlichen acht und aberacht gehandelt, procedirt und fürgefarn werden solle. Darnach wisse sich meniglich zu richten.
Und damit dem allen volziehung beschehe und glauben gegeben werde, so haben wir disen brief mit unserm kaiserlichen insigel besigelt, der gegeben ist in unser und des hailigen reichs stat Wurmbs, am achten tag des monets mai[25] nach Christi geburt fünfzehenhundert und im einundzweinzigisten, unserer reiche des Römischen im andern und der andern aller im sechsten jaren.

[24] Verfügung

[25] Das ist der Tag der Ausfertigungserlaubnis durch die kaiserliche Kanzlei (s. die Einführung)

Veröffentlichungsmandat

für das Wormser Edikt vom 26. Mai 1521

Was Karl V. am 19. April an kompromißloser Haltung gegen die Reformation zum Ausdruck gebracht hatte (s. o.), besiegelte er jetzt reichsrechtlich durch das alle Stände bindende und verpflichtende Publikationsmandat des Wormser Edikts, das ohne Beschlußfassung der Reichsversammlung unter der Autorität Karls V. entstanden war.
Mit diesem vorläufigen Schlußstrich unter den bedeutsamen Reichstag schien die päpstliche Seite große Teile ihrer Ziele erreicht zu haben.
Acht und Bann, durch die viele Stimmen vor Luther zum Schweigen gebracht worden waren, erwiesen sich jetzt jedoch nicht als den Kampf entscheidende Waffen. Die Reformation ging weiter.
(Der Abdruck erfolgt nach: RA II, 659,12–661,3)

Wir Karl der fünft ... empieten allen ... (Obrigkeiten im Reich und unsern Erblanden), so mit disem unserm kaiserlichen brief ersucht werden, unser gnad und alles gut. Wir haben aus merklichen, beweglichen ursachen mit rat und willen unser und des heiligen reichs churfürsten, fürsten und stende, hie bei uns versamelt, ein edict und gebotsbrief Martin Luther und ein gesetz die druckerei berurend ausgeen lassen, wie ir hiebei sehen werdet, und emphelhen darauf euch allen und eur jedem bei den penen, straffen und pussen, in demselben edict, gebotsbrief und gesetz begriffen, ernstlich mit disem brief gebietend und wöllen, das eur ider solich unser edict, gepot und gesetz allen und jeglichen unsern und eurn unterthanen und den, die ir zu regiern und zu verwalten habet, offenlichen verkündet und verlesen lasset und inen bei vermeidung obgedachter penen, strafen und pussen gebietet und si darzu haltet, demselben unserm kaiserlichen edict und gebot in allen punkten und artickeln gehorsamlich

zu leben und nachzekumen; dessgleichen ir für euch selbs auch thun sollet. Das ist genzlich unser will und entliche mainung. Geben ... Worms, am 26. tag des monets mai ... 1521, unser reiche des Römischen im andern und der andern aller im sechsten jaren.

Bilderverzeichnis

Karl V. (Lutherhalle, Reformationsgeschichtliches Museum, Lutherstadt Wittenberg).

12. Reichsacht gegen Luther. Maueranschlagexemplar in Plakatform (Paul Schreckenbach: Martin Luther, Leipzig 1918², S. 106).
13. Rekonstruktion des Zustandes von Worms vor der Zerstörung 1689. Dombezirk und Kaiserpfalz. Zeichnung von Peter Hamman (Oskar Thulin: Reformation in Europa, Leipzig 1967, S. 44).
14. Luther als Junker Jörg auf der Wartburg. Gemälde vom Dezember 1521 von Lucas Cranach (Porträtsammlung der Deutschen Staatsbibliothek, Berlin, Luthersammlung).
15. Das Lutherdenkmal in Worms. Nach dem Entwurf von E. Rietschel, 1868 (Porträtsammlung der Deutschen Staatsbibliothek, Berlin, Luthersammlung).
16. Luther auf dem Reichstag zu Worms 1521. Nach einem Gemälde von Felix Schwormstädt aus dem Jahre 1917 (Porträtsammlung der Deutschen Staatsbibliothek, Berlin, Luthersammlung).

Einband: Die freie Reichsstadt Worms im späten Mittelalter. (Georgius Braun und Franciscus Hogenbergius: Civitates orbis Terrarum, Köln 1593, S. 35c – nach der Erstausgabe von 1574).

Quellenwerke

1. *Balan,* Petrus: Monumenta Reformationis Lutheranae. Ex Tabulariis Secretioribus S. Sedis. 1521–1525. Collegit, ordinavit illustravit Petrus Balan. Ratisbonae 1884

2. *Brieger,* Theodor: Aleander und Luther 1521. Die vervollständigten Aleander-Depeschen nebst Untersuchungen über den Wormser Reichstag. 1. Abteilung. Gotha 1884 = Quellen und Forschungen zur Geschichte der Reformation. I. Band
3. *Förstemann,* Carl Eduard: Neues Urkundenbuch zur Geschichte der evangelischen Kirchen-Reformation. Erster Band. Hamburg 1842
4. *Kalkoff,* Paul: Briefe, Depeschen und Berichte über Luther vom Wormser Reichstage 1521. Aus dem Englischen, Italienischen und Spanischen übersetzt und erläutert. Halle 1898
5. *Kalkoff,* Paul: Die Depeschen des Nuntius Aleander vom Wormser Reichstage 1521, übersetzt und erläutert. Halle 1886
6. *Kühn,* Johannes: Luther und der Wormser Reichstag 1521. Aktenstücke und Briefe. Leipzig o. J. = Voigtländers Quellenbücher. Band 73
7. *Luther,* Martin: Kritische Gesammtausgabe, Weimar 1883 ff. 6. Band (1888); 7. Band (1897); Briefwechsel 2. Band (1931); Tischreden 5. Band (1919)
8. *Preuß,* Hans: Lutherbildnisse. Historisch-kritisch gesichtet und erläutert. Mit 36 Abbildungen. Leipzig o. J. = Voigtländers Quellenbücher. Band 42
9. *Reichstagsakten,* Deutsche: Deutsche Reichstagsakten unter Kaiser Karl V. Zweiter Band. Bearbeitet von Adolf *Wrede.* Gotha 1896 = Deutsche Reichstagsakten. Jüngere Reihe. Zweiter Band
10. *Schreckenbach,* Paul und Franz Neubert: Martin Luther. Ein Bild seines Lebens und Wirkens. Mit 384 Abbildungen, vorwiegend nach alten Quellen. Leipzig 1918[2]
11. *Thulin,* Oskar: Martin Luther. Sein Leben in Bildern und Zeitdokumenten. Berlin 1964
12. *Thulin,* Oskar: Reformation in Europa, Leipzig 1967

1 Papst Leo X. (1513–1521)

2 Kaiser Karl V. (1519–1558)

3 Nuntius Aleander

4 Kurfürst Friedrich der Weise

5 Reichsherold Kaspar Sturm, der Luther von Wittenberg nach Worms geleitete

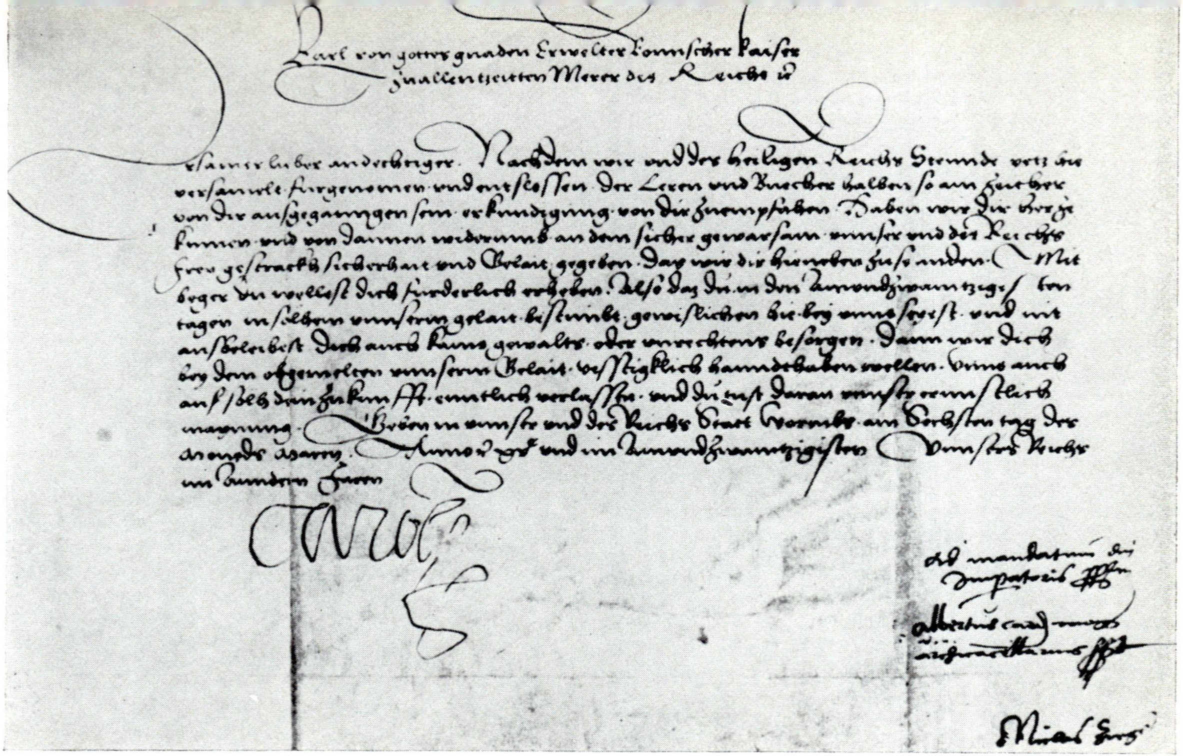
Karl von gottes gnaden Erwelter Romischer kaiser
zu allentzeitten Merer des Reichs etc.

Ersamer lieber andechtiger. Nachdem wir und des heiligen Reichs Stende yetz hie versamelt furgenomen und entslossen der Leren und Buecher halben so ain zeit here von dir ausgegangen sein erkundigung von dir zuempfahen. Haben wir dir her ze kumen und von dannen widerumb an dein sicher gewarsam unser und des Reichs frey gestrackh sicherhait und Glait gegeben. Das wir dir hiebey zusenden. Mit beger du wollest dich furderlich erheben. Also das du in den zwayundzwaintzig tagen in solichem unserm glait bestimbt gewislichen hie bey uns seyest. und nit ausbleibest. dich auch kains gewalts oder unrechtens besorgen. Dann wir dich bey dem obgemelten unserm Glait vestigklich handthaben wollen. Uns auch auf solch dein zukunft entlich verlassen. und du tuest daran unser ernstlich mainung. Geben in unser und des Reichs Statt Wormbs am Sechsten tag des monats Marcij. Anno etc. xxi und im zwayundzwaintzigisten Unsers Reichs im andern Jaren.

Carolus

Ad mandatum dñi Imperatoris proprium
Albertus Card. Moguntinus archicancellarius subscripsit

Niclas Ziegler

6 Faksimile der Vorladung Luthers zum Reichstag durch Karl V. vom 6. 3. 1521

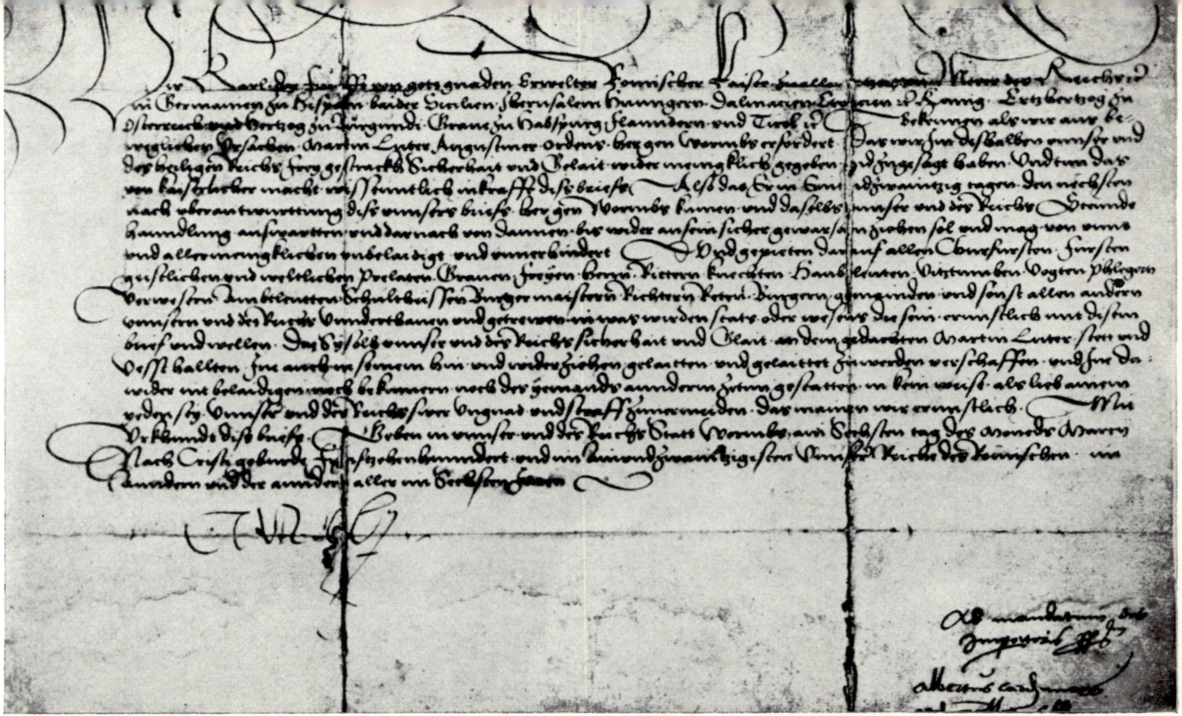

7 Faksimile des Geleitbriefes Kaiser Karls V. für Luther vom 6. 3. 1521

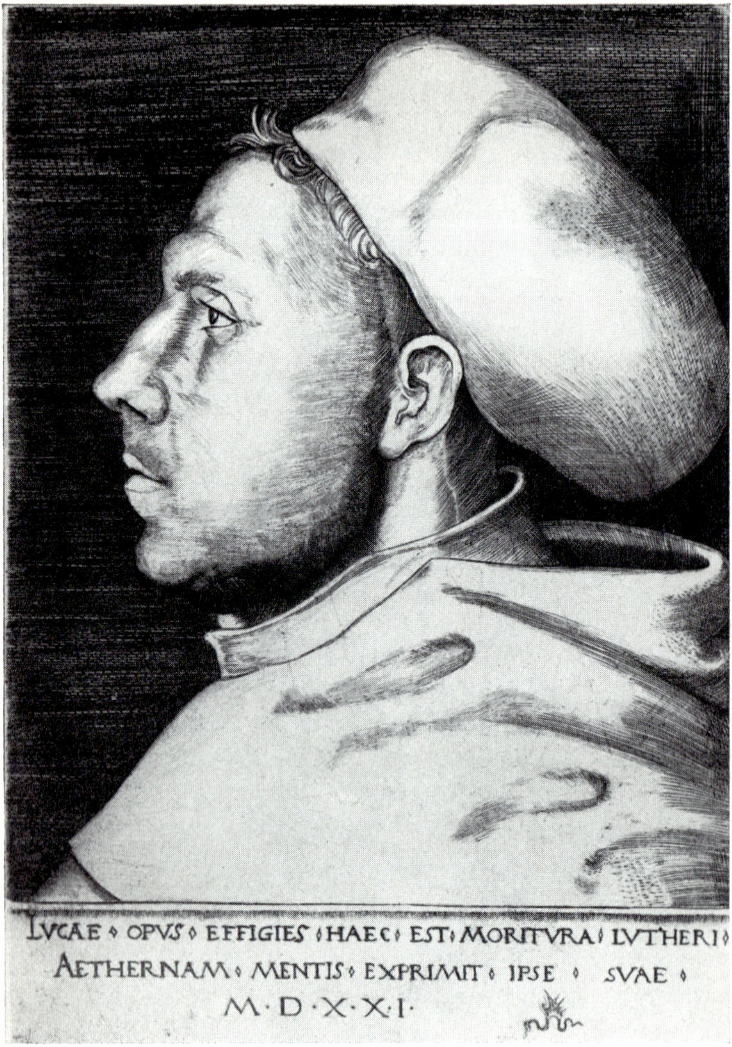

8 Luther mit Doktorhut

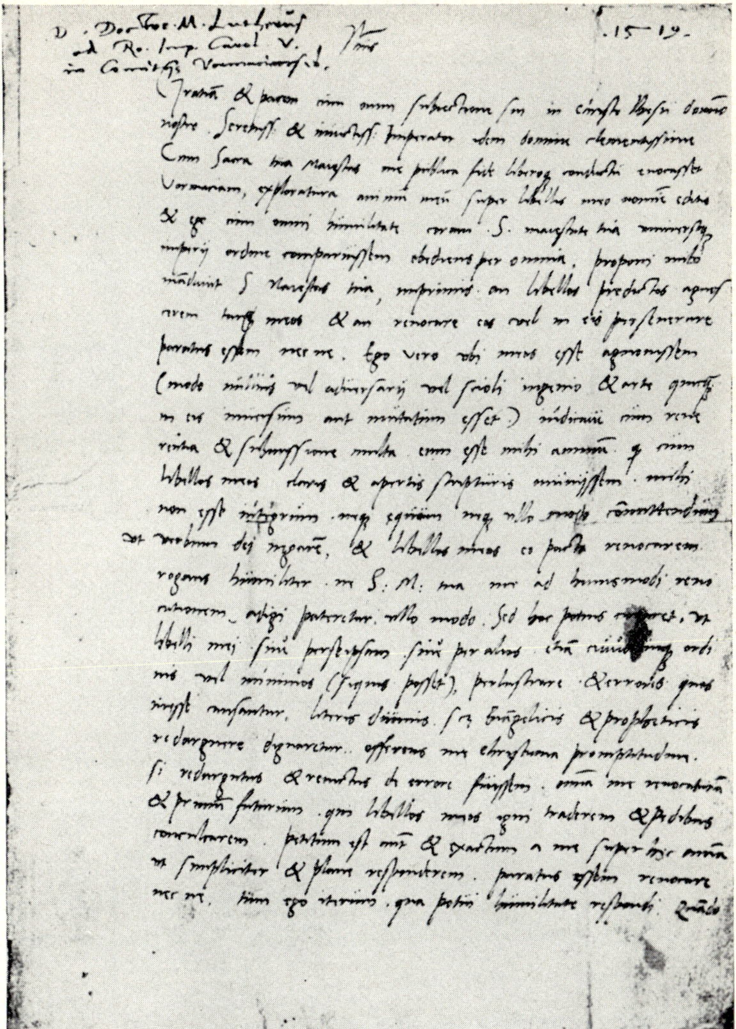

D. Doctor M. Lutherus
ad Ro. Imp. Carol. V.
in Comitiis Vormaciensib.

Gratiam et pacem cum omni subiectione sui in Christo Jesu domino
nostro. Serenissime et invictissime Imperator atque domine clementissime
Cum Sacra tua Maiestas me pridem sub libero conductu evocasset
Wormaciam, exploratura animum meum super libellis meo nomine editis
Et ego cum omni humilitate coram S. Maiestate tua universisque
imperii ordine comparuissem, obediens per omnia. proposuit mihi
voluerit S. Maiestas tua, ut primum an libellos predictos agnos-
cerem meos et an revocare eos vel in eis persistere
paratus essem necne. Ego vero ubi meos esse agnovissem
(modo nullius vel adversarii vel sedulitatis ingenio et arte quicquam
in eis immutatum aut mutilatum esset) indicavi cum reve-
rentia et submissione multa, cum esset mihi animus, quod cum
libellos meos claris et apertis scripturis munivissem. mihi
non esse integrum neque equum me ullo modo committendum
ut verbum dei negarem, et libellos meos eo pacto revocarem.
rogans humiliter ut S. M: tua ne ad huiusmodi revo-
cationem adigi pateretur ullo modo. Sed hoc potius curaret, ut
libelli mei sive per se ipsum sive per alios cuiuscunque ordi-
nis vel minimos (siquis posset), perlustrare et errores quos
inesse censentur, libris divinis scilicet Euangelicis et propheticis
redarguere dignaretur. offerens me christiana promptitudine.
si redargutus et convictus de errore fuissem. omnia me revocaturum
et primum futurum. qui libellos meos igni traderem et pedibus
conculcarem. petitum est mihi et exactum a me super hoc omnino
ut simpliciter et plane responderem. paratus essem revocare
necne. Tum ego iterum. qua potui humilitate respondi: Quando

9 Faksimile des Briefes Luthers vom 28. 4. 1521 an Karl V.

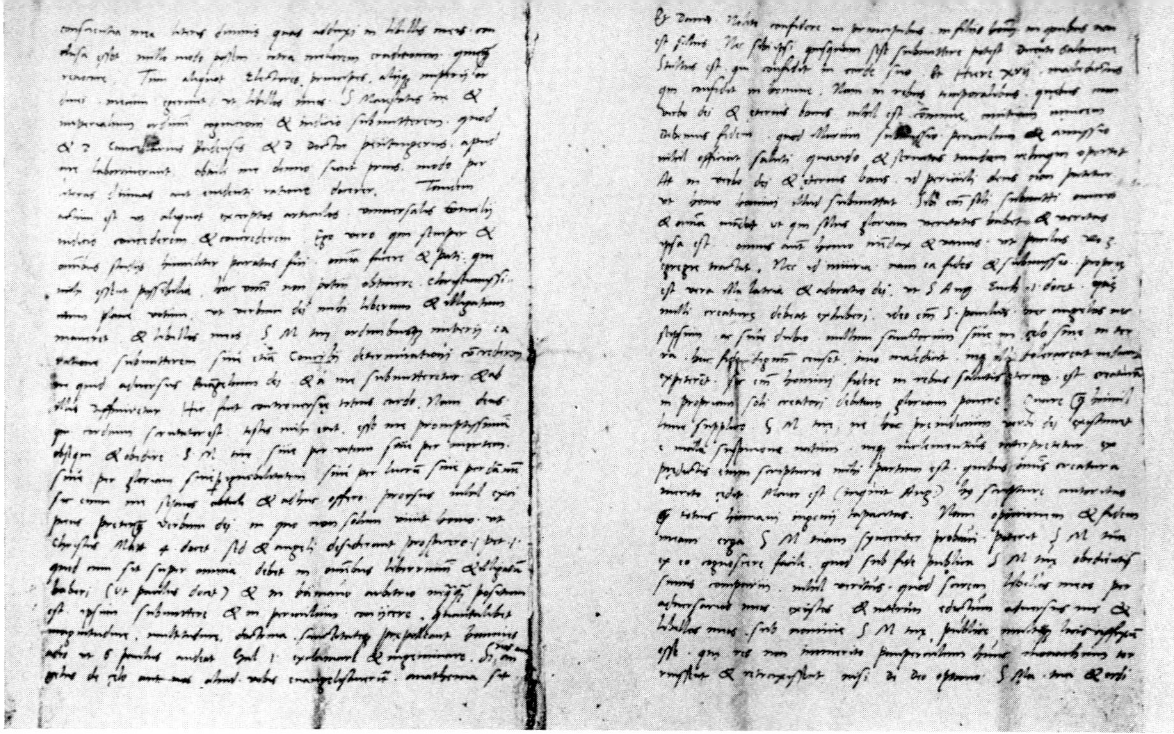

10 Faksimile des Briefes Luthers (Fortsetzung)

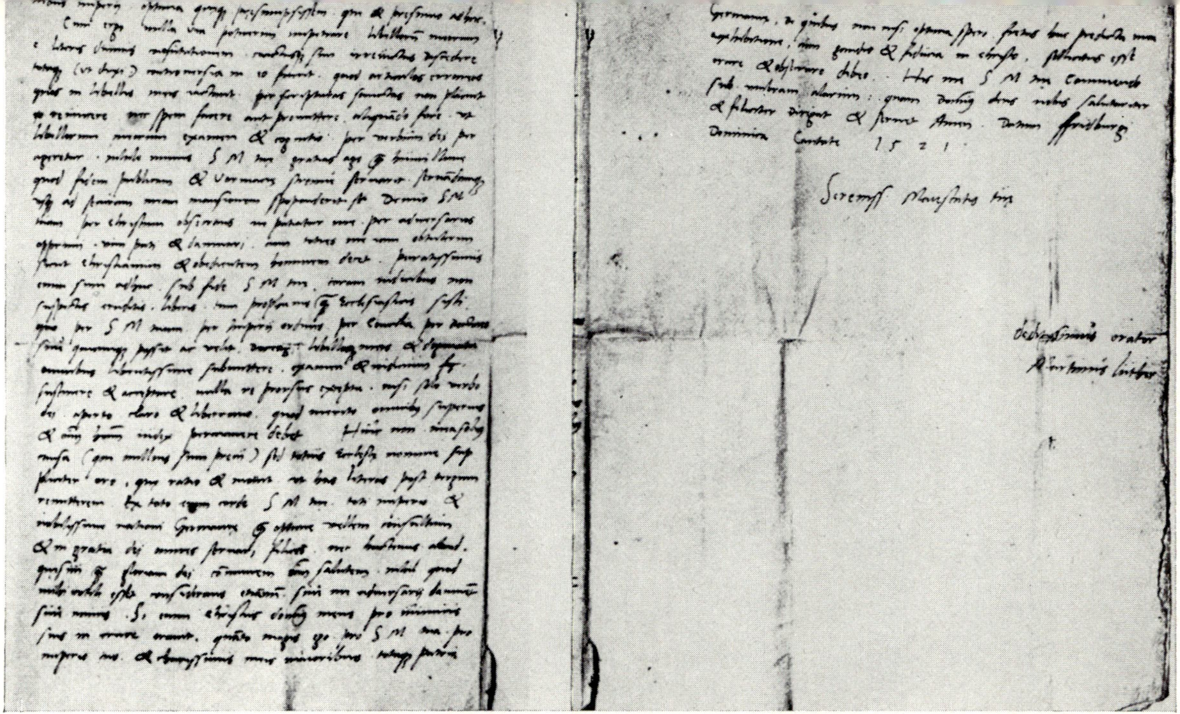

11 Faksimile des Briefes Luthers (Fortsetzung)

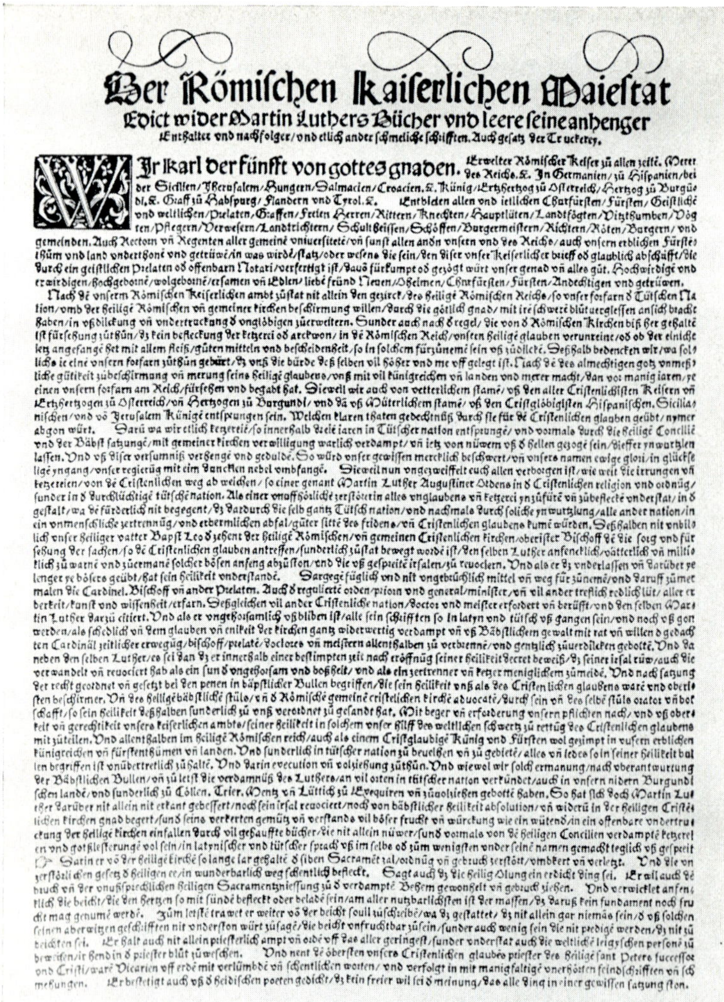

Der Römischen Kaiserlichen Maiestat

Edict wider Martin Luthers Bücher vnd leere seine anhenger

Enthalter vnd nachfolger/vnd etlich ander schmeliche schrifften. Auch gesatz der Truckerey.

Wir Karl der fünfft von gottes gnaden. Erwelter Römischer Keiser zů allen zeitẽ. Merer des Reichs. ꝛc. In Germanien/zů Hispanien/bei der Sicilien/Jherusalem/Hungern/Dalmacien/Croacien. ꝛc. Künig/Ertzhertzog zů Osterreich/Hertzog zů Burgũdi. ꝛc. Graff zů Habspurg/Flandern vnd Tyrol. ꝛc. Entbieden allen vnd ietlichen Churfürsten/Fürsten/Geistlichẽ vnd weltlichen/Prelaten/Graffen/Freien Herren/Rittern/Knechten/Hauptlüten/Landtfögten/Vitzthumben/Vögten/Pflegern/Verwesern/Landtrichtern/Schultheissen/Schöffen/Burgermeistern/Richtern/Röten/Burgern/vnd gemeinden. Auch Rectorn vñ Regenten aller gemeinẽ vniuersitetẽ/vñ sunst allen andn vnsern vnd des Reichs/auch vnsern erblichen Fürstẽthům vnd land vnderthonẽ vnd getrüwẽ/in was wirdẽ/statz/oder wesens die sein/den diser vnser Keiserlicher brieff od glaublich abschüfft/die durch ein geistlichen Prelaten od offenbarn Notari/verfertigt ist/dauõ fürkumpt od gezögt würt vnser genad vñ alles gůt. Hochwirdigẽ vnd erwirdigen/hochgebornẽ/wolgebornẽ/ersamen vñ Edlen/liebẽ fründ Neuen/Oheimen/Churfürsten/Fürsten/Andechtigen vnd getrüwen.

Nach dẽ vnserm Römischen Keiserlichen ambt zůstat nit allein den gezirck/des heiligẽ Römischen Reichs/so vnser forfarn ď Tütschen Nation/vmb der heiligẽ Römischen vñ gemeiner kirchen beschirmung willen/durch die götlich gnad/mit irẽ schwerẽ blůt vergiessen ansich bracht haben/in vßdilckung vñ vndertruckung ď vnglöbigen zůerweitern. Sunder auch nach ď regel/die von ď Römischen Kirchen biß her gehaltẽ ist fürsehung zůthůn/dz kein befleckung der ketzerei od arckwon/in dẽ Römischen Reich/vnsern heiligẽ glauben verunreine/od ob der einiche letz angefangẽ het mit allem fleiß/gůten mitteln vnd bescheidenheit/so in solchem fürzůnemẽ sein vß zůdilckẽ. Deßhalb bedencken wir/wa solichs ie einẽ vnsern forfarn zůthůn gebürt/dz vnß die bürde deß selben vil höher vnd me vff gelegt ist. Nach dẽ des almechtigen gotz vnmeßliche gütikeit zůbeschirmung vñ merung seins heiligẽ glaubens/vnß mit vil künigreichen vñ landen vnd merer macht/dan vor manig iaren/ye einen vnsern forfarn am Reich/fürsehen vnd begabt hat. Diewil wir auch von vetterlichem stamẽ/vß den aller Cristenlichisten Keisern vñ Ertzhertzogen zů Osterreich/vñ Hertzogen zů Burgundi/vnd dã vß Mütterlichem stamẽ/vß den Cristglöbigisten Hispanischen. Sicilianischen/vnd võ Jerusalem Künigẽ entsprungen sein. Welchen klaren thaten gedechtnüß durch sie für dẽ Cristenlichen glauben geübt/nymer abgon würt. Darũ wa wir etlich ketzereiẽ/so innerhalb dreiẽ iaren in Tütscher nation entsprungẽ/vnd vormals durch die heiligẽ Conciliẽ vnd der Bäbst satzungẽ/mit gemeiner kirchen verwilligung warlich verdampt/vñ ietz von nüwem vß ď hellen gezogẽ sein/dieffer ynwurtzlen lassen. Vnd vß diser versumniß verhengẽ vnd geduldẽ. So würd vnser gewissen mercklich beschwert/vñ vnsers namen ewige glori/in glücksẽligẽ yngang/vnser regierũg mit eim dunckeln nebel vmbfangẽ. Diewil nun vngezweiffelt euch allen verborgen ist/wie weit die irrungen vñ ketzereien/von dẽ Cristenlichen weg ab weichen/so einer genant Martin Luther Augustiner Ordens in ď Cristenlichen religion vnd ordnũg/sunder in ď durchlüchtigẽ tütschẽ nation. Als einer vnuffhörlichẽ zerstörer in alles vnglaubens vñ ketzerei ynzůfürẽ vñ zůbefleckẽ vnderstat/in ď gestalt/wa dẽ fürderlich nit begegent/dz dardurch die selb gantz Tütsch nation/vnd nachmals durch soliche ynwurtzlung/alle ander nation/in ein vnmenschlichẽ zertrennũg/vnd erbermlichen abfal/güter sittẽ des fridens/vñ Cristenlichen glaubens kumẽ würden. Deßhalben nit vnbillich vnser heiliger vatter Bapst Leo ď zehent der heiligẽ Römischen/vñ gemeinen Cristenlichen kirchen/oberister Bischoff dẽ die sorg vnd fürsehung der sachen/so dẽ Cristenlichen glauben antreffen/sunderlich zůstat bewegt wordẽ ist/den selben Luther anfencklich/vätterlich vñ milticlich zů warnẽ vnd zůermanẽ solcher bösen anfeng abzůston/vnd die vß gespreitẽ irsalen/zů reuocieren. Vnd als er dz vnderlassen vñ darüber ye lenger ye böses geübt/hat sein heilikeit vnderstandẽ. Dargegẽ füglich vnd nit vngebrüchlich mittel vñ weg für zůnemẽ/vnd daruff zůmermalen die Cardinel. Bischoff vñ ander Prelaten. Auch ď reguliertẽ orden/prior vnd general/minister/vñ vil ander treflich redlich lüt/aller erberkeit/kunst vnd wissenheit/erfarn. Deßgleichen vil ander Cristenliche nation/doctor vnd meister erfordert vñ berüfft/vnd den selben Martin Luther darzů citiert. Vnd als er vngehorsamlich vß bliben ist/alle sein schrifften so in latyn vnd tütsch vß gangen sein/vnd noch vß gon werden/als schedlich vñ dem glauben vñ enikeit der kirchen gantz widerwertig verdampt vñ vß Bäbstlichem gewalt mit rat vñ willen ď gedachten Cardinäl zeitlicher erwegũg/bischoff/prelatẽ/doctores vñ meistern allenthalben zů verbrennẽ/vnd gentzlich zůuerdilcken gebottẽ. Vnd daneben den selben Luther/es sei dan dz er innerhalb einer bestimpten zeit nach eröffnũg seiner heilikeit decret beweiß/dz seiner irsal rüw/auch die verwandelt vñ reuociert hab als ein sun ď vngehorsam vnd boßheit/vnd als ein zertrenner vñ ketzer meniglichem zůmeidẽ. Vnd nach satzung der recht geordnet vñ gesetzt bei den penen in bäpstlicher Bullen begriffen/die sein heilikeit vnß als des Cristenlichen glaubens warẽ vnd oberisten beschirmer. Vñ des heiligẽ bäbstlichẽ stůls/vñ ď Römischẽ gemeinẽ cristelichen kirchẽ aduocatẽ/durch sein vñ des selbẽ stůls orator vñ botschafft/so sein heilikeit deßhalben sunderlich zů vnß verordnet zů gesandt hat. Mit beger vñ erforderung vnsern pflichten nach/vnd vß oberkeit vñ gerechtikeit vnsers keiserlichen ambts/seiner heilikeit in solchem vnser hilff des weltlichen schwertz zů rettũg des Cristenlichen glaubens mit zůteilen. Vnd allenthalben im heiligẽ Römischen reich/auch als einem Cristglaubigẽ Künig vnd Fürsten wol gezimpt in vnsern erblichen künigreichen vñ fürstenthůmen vñ landen. Vnd sunderlich in tütscher nation zů beuelhen vñ zů gebietẽ/alles vñ iedes so in seiner heilikeit bullen begriffen ist vnübertretlich zů haltẽ. Vnd darin execution vñ volziehung zůthůn. Vnd wiewol wir solch ermanung/nach vberantwurtung der Bäbstlichen Bullen/vñ zů letst die verdamnüß des Luthers/an vil orten in tütscher nation verkündet/auch in vnsern nidern Burgundischen landẽ/vnd sunderlich zů Cöllen. Trier. Mentz vñ Lüttich zů Exequiren vñ zůuolziehen gebottẽ haben. So hat sich doch Martin Luther darüber nit allein nit erkant gebessert/noch sein irsal reuociert/noch von bäbstlicher heilikeit absolution/vñ widerũ in der heiligen Cristẽlichen kirchen gnad begert/sund seins verkerten gemütz vñ verstands vil böser frucht vñ würckung wie ein wütend/in ein offenbare vndertruckung der heiligẽ kirchen einfallen durch vil gehauffte bücher/die nit allein nüwer/sund vormals von dẽ heiligen Concilien verdamptẽ ketzereien vnd gotßlesterungẽ vol sein/in latynischer vnd tütscher sprach vß im selbe od zům wenigsten vnder seinẽ namen gemacht teglich vß gespreit ☞ Darin er võ der heiligẽ kirchẽ so lange iar gehaltẽ ď siben Sacramẽt zal/ordnũg vñ gebruch zerstört/vmbkert vñ verletzt. Vnd die vnzerstörlichen gesetz ď heiligen ee/in wunderbarlich weg schentlich befleckt. Sagt auch dz die heilig Olung ein erdicht ding sei. Er will auch dẽ bruch vñ der vnußsprechlichen heiligen Sacramentzniessung zů ď verdamptẽ Behem gewonheit vñ gebruch ziehen. Vnd verwicklet anfencklich die beicht/die den hertzen so mit sündẽ befleckt oder beladẽ sein/am aller nutzbarlichsten ist der massen/dz daruß kein fundament noch frucht mag genumẽ werdẽ. Zům letstẽ trawet er weiter võ der beicht soull zůschreibẽ/wa dz gestattet/dz nit allein gar niemãs sein/ď vß solchen seinen aberwitzen geschrifften nit vnderston würt zůsagẽ/die beicht vnfruchtbar zůsein/sunder auch wenig sein die nit predigẽ werden/dz nit zů beichten sei. Er halt auch nit allein priesterlich ampt vñ ordẽ vff das aller geringest/sunder vnderstat auch die weltlichẽ leigyschen personẽ zů bewisen/ir hend in ď priester blůt zůweschen. Vnd nent dẽ obersten vnsers Cristenlichen glaubẽs priester des heiligẽ sant Peters successor vnd Cristi/warẽ Vicarien vff erdẽ mit verlümbdẽ vñ schentlichen worten/vnd verfolgt in mit manigfaltigẽ vnerhörten feindschrifften vñ schmehungen. Er bestetigt auch vß ď heidischen poeten gedicht/dz kein freier wil sei ď meinung/das alle ding in einer gewissen satzung ston.

12 Reichsacht gegen Luther 1521 (sog. Maueranschlag in Plakatform, Ausschnitt)

13 Rekonstruktion des Zustandes von Worms vor der Zerstörung 1689

14 Luther als Junker Jörg auf der Wartburg

15 Das Lutherdenkmal in Worms (1868), Entwurf

Hier stehe ich
ich kann
nicht anders.
Gott helfe mir. Amen!
FRIEDRICH
PHILIPP

16 Luther auf dem Reichstag zu Worms 1521